乡村旅游

产业创新实践与案例分析

周永振　张志勇
谭经纬　陆　平　◎编著

中国旅游出版社

前　言

本书由赤峰学院一流学科（旅游管理）、新增硕士点（旅游管理）、校级科研创新团队（蒙东地区旅游与文化产业科研创新团队）专项建设经费资助和研究支持出版。

本书具体分工如下：周永振（第一章，案例一，案例二）、张志勇（第二章，案例三，案例四）、谭经纬（第三章，案例五，案例六）、陆平（第四章，案例七）。

本书撰写时借鉴和参考了大量的资料，篇幅有限，未能一一列举，在此深表歉意。这些优秀成果对本书有很大帮助，在此表示衷心的感谢。

作者

2023 年 4 月

目 录

上篇 乡村旅游发展分析

下篇　乡村旅游案例解析

上篇

乡村旅游发展分析

第一章　乡村旅游概述

第一节　乡村旅游的发展历程

一、乡村旅游的概念界定

乡村旅游（Rural Tourism）是以农村社区为活动场所，以乡村田园风光、森林景观、农林生产经营活动、乡村自然生态环境和社会文化风俗为吸引物，以都市居民为目标市场，以领略农村田野风光、体验农事生产劳作、了解风土民俗和回归自然为旅游目的的生活方式（邵琪伟，2013）。

可以说，现代乡村旅游是依托农业生产，融合自然与农业、当地人文景观以及现代旅游业的一种高效产业，是在充分利用现有农业自然资源、农村空间和农村人文资源的基础上，旅游者能广泛参与农业生产、农业科学管理、农业产品加工等活动，是一种充分体验生态农业与现代农业相结合的新型旅游产业。

二、国外乡村旅游实践与发展历程

乡村旅游在欧美国家被认为是发生在乡村地区的所有旅游活动（Derek，2001），已成为当代欧美国家的主要旅游形式之一，经历了从起步、发展，到相对成熟的一个较为完整的过程，随着城市化进程的加快，乡村普遍成为欧美国家城市居民短途旅游的首选地。

欧美国家乡村旅游的发展大多数是从20世纪60年代开始的，到80年代进入快速发展时期，90 年代进入成熟发展时期，在 20 世纪与 21 世纪之交，欧美国家乡村旅游更呈现出持续发展的强劲势头，其发展过程呈现出明显的阶段性，即传统乡村旅游阶段、乡村旅游初步发展阶段、大众时代的乡村旅游阶段和新经济时代的乡村旅游阶段（邹统钎，2017）。

欧美国家乡村旅游市场的取向体现出了较为浓厚的本地化、城市化、家庭化、学生化。欧美国家乡村旅游活动在经济和社会萧条的农村发展中发挥了显著的作用，特别是欧洲乡村旅游曾一度成为拯救乡村的手段。乡村旅游被认为是解决传统农业衰退问题的有效手段（Perales，2002）。

三、我国乡村旅游实践与发展历程

我国自发的乡村旅游活动出现在改革开放后，1986 年四川郫县徐纪元在自家农家院落里创造出了中国第一家“农家乐”，以“住农家屋、吃农家饭、干农家活、享农家乐”为内容的乡村旅游活动正式开始（王兵，1999）。

我国乡村旅游经历了萌芽阶段（1986—1994 年）、发展阶段（1995—2008 年）和深化阶段（2009 年至今）（见表 1）。在早期乡村旅游的盈利示范效应下，作为一三产业融合的产物，乡村旅游已成为我国实现农民增收、提高农业产值、促进城乡一体化发展的重要措施（刘锋，2017）。

表 1　我国乡村旅游发展阶段

特点	萌芽阶段（1986—1994 年）	发展阶段（1995—2008 年）	深化阶段（2009 年至今）
市场	客源主要来自大城市周边	客源从大城市周边向中小城市扩展，外来游客开始参与到乡村旅游中	客源大幅增加，外来游客大量参与到乡村旅游中，消费需求普遍升级
产品	以农家乐和观光采摘为主	在农家乐和观光采摘基础上，不断衍生出民俗村、农牧场、乡村景区等新兴产品，休闲特征显现	乡村旅游多元融合发展，家庭乡村旅游产品需求增加，民俗和精品旅游度假区成为典型代表
空间	萌发于大城市郊区，空间呈点状分布	从点状发展向集群发展，整体辐射和带动作用增强	依托交通线形成轴线，并由轴线联动实现空间上的全域发展

续表

特点	萌芽阶段 （1986—1994 年）	发展阶段 （1995—2008 年）	深化阶段 （2009 年至今）
经济主体	以农民个体户为主	呈现出多元化特征，村集体开始介入，农民个体经营和村集体经营是主要模式，企业主导和政府主导模式处于探索中	企业主导和混合经营模式大量出现，农民个体经营和村集体经营效益化明显提升，政府主导模式在可持续发展方面发挥了明显作用
管理	明确了行业管理组织，推动乡村旅游规模化发展	政府规范引导开始发挥作用，实现乡村旅游从规模化向规范化发展	战略政策层面明确了乡村旅游地位，不断支持和引导乡村旅游创新发展

备注：根据邹统钎《乡村旅游：理论·案例（第二版）》（南开大学出版社，2017）相关内容整理而成。

目前，我国的乡村旅游类型主要分为两种：都市依托型和景区依托型（邹统钎，2017）。都市依托型以成都“农家乐”为代表（主要是服务本地市民，特点是重游率高），景区依托型以贵州“村寨游”为代表（主要是服务外来游客，特点是出游率高）。

随着居民消费层次的提升，乡村旅游的转型升级已经成为共识，主要集中于以下三个方面：①区域特色，推广“一村一品”和“一家一艺”，打造特色新村和乡村旅游接待户；②升级方向，主要是实现乡村旅游的规模化升级、生态升级、文化升级和科技升级；③构筑乡村旅游目的地，从点到面将业态特征逐渐从“家园”升级为“田园”。

第二节　发展乡村旅游的现实意义

一、乡村旅游是“两山”理论的有力实践

习近平总书记指出，我们既要绿水青山，也要金山银山。宁要绿水青山，不要金山银山，而且绿水青山就是金山银山。“绿水青山就是金山银山”是重要的发展理念，也是推进现代化建设的重大原则。

乡村生态环境和乡村特色风貌是发展乡村旅游重要资源，通过发展乡村旅游，实施规划、绿化、美化等措施，有利于把乡村建设成为生态宜居、富裕繁荣、和谐发展的美丽家园，把生态环境优势转化为旅游经济优势，践行“绿水青山就是金山银山”，实现生态与经济互促共进、协同发展，发展乡村旅游也是“两山”理论的最好实践。

二、乡村旅游是乡村振兴的重要途径

党的二十大报告明确提出“全面推进乡村振兴”，并要求“坚持农业农村优先发展，巩固拓展脱贫攻坚成果，加快建设农业强国，扎实推动乡村产业、人才、文化、生态和组织振兴”。2022 年 12 月在中央农村工作会议上习近平总书记强调，要依托农业农村特色资源，向开发农业多种功能、挖掘乡村多元价值要效益，向一二三产业融合发展要效益，强龙头、补链条、兴业态、树品牌，推动乡村产业全链条升级，增强市场竞争力和可持续发展能力。实施乡村振兴战略，是新时代做好“三农”工作总抓手，产业兴旺是乡村振兴的重点。乡村旅游利用乡村自然资源和人文资源，把农牧活动与休闲农业、传统农业文化与现代乡土文化有机结合起来，有效促进农村牧区一二三产业融合发展，推动乡村生产、生活、生态三位一体发展，从而有力促进乡村振兴。

发展乡村产业必须要发挥农村的比较优势，富含农业农村气息的特色产业适合现阶段我国乡村产业的发展，因地制宜地发展乡村旅游是乡村振兴过程中推动农业新产业新业态的需要。乡村旅游对提高农民收入、改善农村环境、倡导文明乡风、促进乡村治理等方面作用明显，契合中央提出的“产业兴旺、生态宜居、乡风文明、治理有效、生活富裕”的乡村振兴总要求。中共中央、国务院印发的《乡村振兴战略规划（2018—2022 年）》中明确指出实施休闲农业和乡村旅游精品工程是推动农村产业融合的重要举措。为深入贯彻落实《中共中央国务院关于实施乡村振兴战略的意见》（中发〔2018〕1 号）和《乡村振兴战略规划（2018—2022 年）》文件精神，实施乡村旅游精品工程，培育农村发展新动能，促进乡村旅游可持续发展，文化和旅游部等 17 部门共同研究制定了《关于促进乡村旅游可持续发展的指导意见》（见附件 1），于 2018 年 11 月公布。

2019年以来（截至2023年5月），文化和旅游部会同国家发展改革委已先后推出四批1399个全国乡村旅游重点村和两批198个全国乡村旅游重点镇（乡），并在政策倾斜、人才培训、宣传推广、金融贷款等方面加大支持力度。农业农村部开展了全国休闲农业重点县建设工作，指向以县域为单元的休闲农业高质量发展，以期达到“破解资源要素瓶颈，加快产业集聚发展，推动产业提质升级，促进城乡融合发展，引领带动乡村产业发展壮大”的目的，建设300个在区域、全国乃至世界有知名度、有影响力的全国休闲农业重点县，2021年认定北京市延庆区等60个县（市、区）为全国休闲农业重点县①。经过多年培育建设，全国乡村旅游重点村镇、全国休闲农业重点县成为乡村旅游的典型代表，已经是助力全面推进乡村振兴、满足人民美好生活需要、展示美丽中国的重要力量，受到社会各界的广泛认可和好评。

各地也纷纷制定了有关乡村标准和助力政策，助力乡村旅游高质量发展。例如，2021年6月江苏制定了《江苏省乡村旅游驻村辅导员行动计划（2021—2025年）》，按照“自愿互惠、服务基层、因地制宜、共建共育”的原则，让乡村旅游专家驻村开展定向辅导工作②，为乡村旅游发展提供智力支持，力争2025年实现“百名辅导员入驻百村”，截至2022年上半年江苏全省已经有69名辅导员与村庄“结对”。

---

① 《打造休闲农业产业高地——农业农村部开展全国休闲农业重点县建设工作》专题报告指出“这批县呈现四大特点：一是县域资源特色鲜明，自然文化资源丰富，兼具自然资源、文化资源、农业产业资源等资源多样性特征。二是业态丰富集聚分布，打造农家乐、乡村民宿、休闲农庄等，且大多有康养、科普教育基地等新业态，已成为县域优势主导产业。三是带动增收效果显著，从事休闲农业农民就业占比和收入平均水平高于全国农村居民人均可支配收入，兴村富民有成效。四是政策创新先行探索，多地出台专门针对休闲农业融资、用地、人才引进、提档升级等方面的政策，加速资源要素向休闲农业聚集”。

② “江苏省乡村旅游驻村辅导员行动计划”的辅导对象主要是有较好乡村旅游资源和开发利用条件、有意愿纳入或已纳入江苏省级乡村旅游重点村名录的村庄，针对这些乡村在发展旅游过程中各自面临的发展瓶颈，有针对性地选派专家驻点指导乡村旅游发展。自2021年实施以来，先后派遣了三批专家入驻，首批6家，第二批37家，第三批26家。

三、乡村旅游是旅游可持续发展的有力支撑

（一）助力转型发展

乡村旅游接待人次逐年提升，2012年至2019年，全国乡村旅游人次从近8亿跃升到30亿，年均增速超过20%，2019年全国乡村旅游人数更是突破了30亿，占当年国内旅游总人次（60.06亿人次）一半。2020年以来，新冠感染疫情对旅游发展产生了显著影响，在常态化疫情防控下，长线、远途、出境等旅游形式缓慢恢复，但以近郊游、乡村游为主要形式的周边游日益受到游客的欢迎，成为出游的主要指向。乡村旅游所展现的丰富业态和多元体验，如餐饮、民宿、户外运动、研学、露营、农事体验等，符合当下旅游业发展的趋势，有效满足了游客在常态化疫情防控下微旅游、微度假的需求，市场可挖掘空间大，显著改变了旅游供给侧改革，助力旅游转型发展，有效助力旅游业及国民经济的高质量发展。

（二）助力产业振兴

2018年《中共中央国务院关于实施乡村振兴战略的意见》提出了“产业兴旺、生态宜居、乡风文明、治理有效、生活富裕”的总要求，指出产业兴旺是重点，并做出了“以农业供给侧结构性改革为主线，加快构建现代农业产业体系、生产体系、经营体系，提高农业创新力、竞争力和全要素生产率”的明确指向，勾画出到2035年“美丽宜居乡村基本实现”的前景目标。乡村旅游能有效带动农产品加工业、服务业、养种植业、交通业、商贸业、餐饮业、住宿等相关联产业的发展，促进农民增收致富、农业转型升级、农村牧区美丽繁荣，使农区由单一农业经济转变为一二三产业融合发展的多元化经济。《“十四五”旅游业发展规划》聚焦乡村旅游高质量发展，提出“实施乡村旅游精品工程，优化乡村旅游产品结构，丰富产品供给，推出一批全国乡村旅游重点村镇，打造全国乡村旅游精品线路，公布一批国际乡村旅游目的地，培育一批乡村旅游集聚区，构建全方位、多层次的乡村旅游品牌体系”的总目标。

（三）助力文化振兴

乡村振兴不仅仅是物质的丰富，更是精神上的收获，乡村旅游发展对促进

农村牧区文化繁荣兴盛有着重要意义。

一是活化农村牧区非物质文化。发展乡村旅游可以将内蒙古农村牧区濒临消失的传统建筑、农耕器具、民间技艺、民俗礼仪、风土人情挖掘出来，以活态化的方式进行传承和创新，既产生可观的经济效益，又保护、传承和复兴了传统文化。

二是提升农村牧区群众精神面貌。乡村旅游有助于打开与外部世界交流沟通的大门，进一步开阔人们视野，更新思想观念，改善农牧民精神面貌，培育文明乡风、良好家风、淳朴民风，提高农村牧区社会文明程度。

（四）助力脱贫攻坚

党的十八大以来，我国乡村旅游规模不断扩大，体系不断完善，为助力脱贫攻坚、实现乡村振兴提供了不竭的产业动力，“十三五”期间，全国2.26万个贫困村通过发展旅游业实现了脱贫致富，2019年通过乡村旅游实现脱贫人数占脱贫总人数的33.3%。发展乡村旅游必然要求物质和精神的共同提升，这样才能提供合适的乡村旅游产品和服务，适应游客需求，这促使扶贫工作由“输血”变成“造血”，增强了农村困难群众的参与活力，有效实现了物质和精神“双脱贫”。

第二章　旅游乡村与乡村旅游开发与管理

第一节　旅游乡村的类型划分

一、旅游乡村类型的划分

乡村是乡村旅游发展的核心，依据乡村的旅游资源的丰腴程度，以具体村为指向，适合发展旅游的乡村可被称为“旅游乡村”，旅游乡村可以分为资源类旅游乡村、服务类旅游乡村以及综合类旅游乡村三大类。

（一）资源类旅游乡村

资源类旅游乡村是指以突出当地的地理或人文环境为主，作为其吸引游客前来光顾的重要资源的乡村，主要有历史文化型、风景型、要素型、休闲度假型、生态型等。

1. 历史文化型

历史文化型是一些文物古迹比较集中，能较为完整地反映某个时代的乡村景观以及时代发展的轨迹，具有时代性的地方特点，有重大历史价值或者革命纪念意义的旅游乡村，主要体现为古村落、古城古镇和古村古寨（见表2）。

表2　历史文化型旅游乡村

类型	代表乡村
古村落	江西婺源古村落（清华、晓起、延川、思溪、理源、江湾镇、庆源），浙江南溪江（芙蓉村、岩头村、苍坡村、蓬溪村），安徽皖南古村落（黟县、西递、宏村、关麓、呈坎、唐模、歙县），福建永定土楼村落，河南省博爱县寨卜昌村

续表

类型	代表乡村
古城古镇	山西平遥古城，云南丽江古城，湖南凤凰古城，甘肃天水古城，云南喜洲古镇，湖南芙蓉镇，江西景德镇，四川福宝古镇，山西灵石静升镇，江南六大古镇（周庄、同里、甪直、南浔、西塘、乌镇），浙江石塘镇等
古村古寨	湖南张谷英村，江西流坑村，浙江诸葛村，浙江新叶村，陕西韩城党家村，山西丁村等

历史文化型旅游乡村的特点主要表现为以下三个方面：一是具备古建筑和历史文化街区的特征，主要表现为：①历史的积累性，乡村所具有的古建筑和历史文化街区经过几百年甚至上千年的历史积累，是人类智慧的结晶；②鲜明的时代性，乡村分布的各类历史建筑都能够体现出不同时代的风格；③创作的艺术性，各类建筑和历史街区反映出古代建筑文化。二是具备淳朴的民风及浓郁的民族风情，主要表现为：①具有古朴的民风、多彩的形态、独特的建筑和深厚的文化底蕴；②具有浓郁民族风情特点的民俗乡村，有着独具一格的民族习俗、民族文化、民族建筑风格、民族饮食习惯、民族服饰等。三是具备革命纪念意义，革命纪念地类型的乡村，是与中国革命发生极大联系的地方。

2. 风景型

风景型是位于景观内（一般是景区），依托优美的风景资源，旅游收入占主导地位的旅游乡村①，主要是依托景观的乡村。风景型旅游乡村的特点主要表现为以下三个方面：一是富含风景构成的诸多要素，主要是：①景物，这是风景构成的客观因素与基本素材，是具有独立欣赏价值的风景素材的个体。不同的景物构成了千变万化的形体与空间，这也形成了风景型乡村丰富多彩的景象与环境。②景感，这是风景构成的活跃因素、主观反应，是人对景物的体验、鉴别、感受能力。③条件，这是所依托风景构成的制约因素，也是游客与风景客体所构成的特殊关系。二是依托环境优美的风景名胜区，具备风景旅游服务功能。三是旅游乡村所辖区域内拥有高等级景区资源，旅游资源和旅游服务设

① 该类型的代表性乡村主要有：浙江仙居县的白塔镇，新疆喀纳斯禾木村，福建省平潭县旅游村镇，坛南湾及各风景游览区内的村镇、田美镇、潭乡村，湖北鄂州市梁子镇，安徽巢湖市中庙镇，四川都江堰市龙池镇等。

施完善，可带动乡村旅游发展。

3. 要素型

要素型是以食、住、行、购、娱等要素作为主要吸引物的旅游乡村[①]。该类旅游乡村中除具备一定的风景及人文旅游资源外，主要以旅游要素作为主要的旅游吸引物来吸引游客。要素型旅游乡村的主要特点表现为以下两个方面：一是以某种旅游要素为主要旅游特色，吸引专项旅游市场；二是以显著旅游吸引物作为旅游产品构成的重要内容，并引申为主要旅游市场。旅游吸引物种类繁多，常见的如将特色美食[②]作为旅游吸引物。除了极强的地域、文化、历史价值，其他特色购物、特色娱乐、特色住宿、特色交通等都可以成为旅游吸引物。

4. 休闲度假型

休闲度假型是充分利用乡村的旅游资源，以旅游休闲、观光娱乐、度假为主体开发方式的旅游乡村[③]。旅游观光休闲度假的方式多种多样，如避暑避寒、野营露营、休疗养、温泉浴、海水浴、日光浴、森林浴等，在通常情况下休闲度假型乡村以一种休闲度假方式或几种休闲度假方式为主，兼具其他旅游功能。休闲度假型旅游乡村的特点主要表现为以下两个方面：一是充分满足休闲度假功能，度假旅游就是便于人们在自然风景优美、区位条件优越的景观地带放松休闲、回归自然。该类型乡村自然具备度假条件和满足旅游度假休闲的功能。二是以综合性为指向，休闲度假型乡村是一个融合休闲度假、观光旅游、文化旅游、主题乐园、乡村度假、健康养生、商务会议等多种旅游类型的综合性旅游区，可满足人们放飞自我、摆脱束缚、体验农家乐、垂钓等不同需要。

---

① 该类型代表性旅游乡村主要有：云南瑞丽、畹町，东北、西北等边境小镇，江西景德镇，湖南凤凰县沱江镇等。

② 特色美食是一种融物质与精神为一体的特殊文化现象，通过饮食来领略游览地，进而了解旅游地的风俗习惯、风土人情和文化特征，所以特色美食在旅游经济中占有很重要的地位。

③ 该类型代表性旅游乡村主要有：山东省即墨区鳌山卫镇，北京市昌平区长陵镇，福建省南平市夏道镇，四川省双流区黄龙溪古镇，四川省成都龙泉驿区的洛带镇等。

5. 生态型

生态型是以自然生态环境、生物景观为主要旅游资源的旅游乡村[①]，生态环境包括森林、草地草原、动物群栖息地、物候季相景观等，其中，生态农业旅游乡村是以农业文化景观、农业生态环境、农事生产活动以及传统的民俗为资源，融观赏、考察、学习、娱乐等旅游活动为一体的旅游乡村。生态观光型旅游乡村，在一般情况下，处于远离城市的边远地区，或大城市周边，乡村以自然田园山林风光吸引大城市居民的近距离出游，或以特殊的生态系统所表现出的景观特征吸引远距离的游客。这类乡村的特色景观在于其特殊的生态系统，或乡村田园风貌的特色塑造和乡村镇区优美环境的创造。

生态型乡村的特点表现为以下三个方面：①具有优美突出的自然生态环境，以自然生态风光取胜；②群众具有很强的生态意识，注重生态建设；③“乡村旅游”主要表现为“农家乐旅游”的形式，是城市居民回归自然、融入自然获得身心放松、精神愉悦的休闲旅游方式。

建设成为生态型旅游乡村的主要标志包括：①自然景观、人文景观和乡土文化相融合，充分展现乡村生态环境良好，人和自然和谐共处；②乡村环境整洁优美，人民生活水平全面提高；③以循环经济为特色的社会经济加速发展；④稳定可靠的生态安全保障体系基本形成；⑤人与自然和谐共处，生态文化长远发展。

（二）服务类旅游乡村

服务类旅游乡村主要是地处旅游风景点的建制镇[②]，因地处旅游地带逐渐发展而成，起到了带动本区域内的其他产业的发展。服务类旅游乡村的特征表现为以下两个方面：①往往与县城的距离比较近，或是某一区域范围的政治、经济、文化中心；②与旅游地点邻接，可以方便而快速地到达旅游地点。

服务类旅游乡村是远离旅游中心城市的著名风景区的重要门户和游客主通

---

① 该类型代表性旅游乡村主要有：江苏徐州铜山区汉王镇，新疆喀纳斯白哈巴、禾木村，浙江杭州安吉县，湖北秭归县归州镇等。

② 该类型代表性旅游乡村主要有：贵州镇宁布依族苗族自治县黄果树镇，贵州镇宁布依族苗族自治县施洞镇等。

道，在一般情况下，乡村本身具备一定的旅游资源，但旅游资源与名胜古迹相比略逊一筹。但为了发展旅游，作为旅游接待地，它的特色景观在于优美整洁的乡村环境景观和得体的建筑景观，更主要的在于其特色旅游要素和优质的旅游服务。

服务类旅游乡村相对于资源类旅游乡村，首先更加突出了服务的重要性，服务质量的进一步提高主要是需要旅游与社会各领域服务管理系统的全面协调。因而，在优化乡村旅游服务体系中，通常会充分体现人文关怀，坚持和突出强调以人为中心，重视和提高村民及旅游者的文明程度、升华两者之间的关系和促进人与自然和谐共处。通过不断完善的旅游基础硬件设施和相关配套服务，积极发掘当地人文景观，为游客提供比较愉悦的身心感受，辅以当地秀丽自然风光或厚重人文风光，使游客能够乘兴而来，尽兴而归。

（三）综合类旅游乡村

综合类旅游乡村是旅游资源与旅游服务并重的旅游乡村①。该类乡村在拥有一定的旅游资源的同时，利用乡村的区位优势进行旅游服务内容的建设，实现资源与服务的双赢。综合类旅游乡村的特征表现为以下三个方面：①具备以上两种类型乡村的双重特点；②旅游业对乡村其他相关产业的带动作用十分明显；③旅游资源开发较成熟，并具备较为完善的接待设施。

综合类旅游乡村结合了资源类旅游乡村和服务类旅游乡村的优点，扬长避短，积极进取。综合型乡村旅游通常也具备相当优质的旅游资源，不管是历史人文还是风景生态，但为了做大做强，在具体实施层面通常会结合前两者的优点，积极完善基础设施和游客体验。

二、乡村旅游资源的保护

（一）秉承开发与保护并重的原则

在乡村旅游资源开发的过程中，通常是将开发和保护放在一起同步进行。这主要是因为乡村生态环境相对而言比较脆弱，很多乡村由于地处环境特殊，才得

① 该类型代表性旅游乡村主要有贵州镇宁布依族苗族自治县施洞镇等。

以保存最为原始的乡村面貌和独特风景，还有一些乡村生态环境本身就不是非常理想，人和自然环境的相处也有明显问题。所以，在乡村资源的开发过程中，将保护放在第一位是必需的，同步开发和保护，同时强调环保意识，包括执行过程中的开发人员、策划人员以及工程操作人员让环保措施能够落到实处。

（二）推动整体统筹开发的方向

实施整体开发原则也是乡村旅游资源保护过程中的一项重要措施。要基于整个乡村环境的背景之下进行乡村资源开发，也就是说某个地区的乡村资源要作为该地区整体环境的一部分。从开发的角度分析，地域旅游资源相关部门要予以必要的统筹规划，务必实现全面发展，推动整个地区旅游资源的发展。

（三）不断提升本地居民参与度

本地居民的参与意识也是非常重要的一点。只有充分调动当地居民加入乡村旅游资源开发过程中，乡村旅游资源才能最大限度地激发其活跃度。在开发不同地区旅游资源的时候，当地居民的参与，对于旅游资源开发过程中的地方特色和独具民族特色的民俗项目而言，将使其更有参与感和真实性，能让游客获得更为舒适和深入的享受和体感，沉浸式体验当地民俗风情。同时，加强当地居民的认知也是非常重要的一项，要想保证旅游资源的可持续发展以及旅游项目的长久发展，当地居民必须进行培训，帮助他们成为规范且具备一定的服务意识的经营者，目的是将乡村旅游项目打造为当地旅行的一个精品旅游线路，构建具备示范效用的乡村旅游基地，将其打造为地区发展的典范。

第二节　旅游乡村的开发模式

一、资源类旅游乡村的开发

（一）开发的总体指向

资源类旅游乡村是长期以来乡村旅游发展的重要部分，部分具有优质旅游资源的乡村已经较早进行了开发。资源类旅游乡村的保护与开发，从文物建筑保护、遗产管理、城市规划、风景规划、城市生态、环境教育、旅游规划、社会伦理和人文学科等多学科角度都已经建立了一定的理论模式，并在乡村旅游的开发过程中得到了相应的实践经验，这些实证性的研究无一例外地强调了“保护优先”的原则，提倡以乡村可持续发展为前提的旅游开发。

（二）开发的主要方式

1. 开发利用特色旅游资源要有新的理念

资源类旅游乡村的开发在注重旅游的理念同时，要具有生态与环保意识以及整体开发、联合开发的意识等，树立“大旅游”的意识，以新的理念指导资源型旅游乡村的开发利用，这能够对资源类旅游乡村的发展起到较好的促进作用。要根据相应的地理环境和资源特点以及当前的旅游前景，打造具有地方特色和鲜明路线，重点突出、格局优越的新型旅行项目。

2. 深入挖掘当地文化　打造精品乡村旅游

资源类旅游乡村进行旅游规划与开发时，首先要对旅游资源进行全面的挖掘和深化，突出旅游个性，重塑形象，将该区域的人文景观和自然景观完美融合，以精品和名品战略进行塑造。

3. 有针对性地规划乡村旅游项目

在对自身资源条件深度了解的前提下，还要对即将面对的旅游市场有一个明确的认知，要明确乡村旅游的发展首先是吸引区域内部游客，然后再以此为基础不断拓展客源市场。

二、服务类旅游乡村的开发

（一）开发的总体指向

服务类旅游乡村开发应重点指向特色餐饮、特色住宿、特色旅游体验和混合型乡村旅游四个方面。除此之外，还要根据当地的旅游资源，确定乡村旅游的特色开发方向，促进旅游要素的品牌化开发。

（二）开发的主要方式

1. 完善乡村服务配套设施

加大对乡村旅游发展区域基础设施建设的投入力度，保护乡村环境，完善环保措施，规划并建设乡村特色建筑。

2. 加强规范引领

旅游乡村的开发及建设，需有明确的发展区域及目标明确的发展规划，依托当地自然和文化资源，在各级政府的扶持下打造出个性化、专业化、多元化的发展模式。

三、综合类旅游乡村的开发

（一）开发的总体指向

综合类旅游乡村的开发利用方式兼具资源类与服务类旅游乡村的开发模式，在开发利用上或兼顾两种类型，或以其中一种类型的开发为主。乡村旅游业的健康发展需要多方面的努力，要形成旅游资源保护的法制、宣传、文化、管理和建设的良好环境。

（二）开发的主要方式

1. 依托明显优势进行一次性规划开发

明确开发指导思想为一次规划、分次实施，要有针对性地对乡村的旅游资源进行建设和开发，最终实现便利性和可持续性。在确定旅游格局和旅游规划的时候，要将以下两种关系处理得当：①整体与局部的关系，在对乡村旅游资源进行规划建设的过程中，要整体布局，对必要的建筑物和标牌等进行有针对性的设计，使其在形式上，色彩上和材料上独具风格。②注重环境保护与旅游合理开发，乡村旅游资源与其他很多旅游资源相比，还是有其脆弱性存在的，因此在规划建设的过程中，不仅要尊重当地的自然生态，还要根据当地的生活特色，做到因地制宜，在保持原始自然风貌的同时，还要有一定的规划特色，使得原始自然风貌与现代生活完美融合。此外，在建设的过程中，要尽量减少对当地生态的改造，因为这不可避免会造成一定程度的破坏，进而影响当地人们的生活。

2. 以“保护”为核心进行协同开发

在对乡村旅游资源进行开发和规划的过程当中，一定要坚持的一个原则就是科学规划、合理开发、保护资源可持续性发展。任何旅游资源的开发都是一个漫长的过程，要根据乡村当前的综合经济实力，立足现实，逐步发展。

第三节　乡村旅游活动经营与管理

一、乡村旅游经营与管理存在的问题

当前的乡村旅游呈现出一种“大规模扩张，低水平发展”的状态，存在缺乏特色、商业化、环境污染、开发同质化严重等短板，主要表现在：

（一）运作水平较低

1. 经营雷同

乡村旅游具体活动大多由本地农民经营管理，由于欠缺旅游经营理念，在旅游经营上特点不足。如农家乐同质化经营很多，这种同质化不仅出现在建筑风格层面，与之相关的食品菜肴、娱乐项目等都大同小异，没有突出自身特色，对游客的吸引力欠佳。

2. 功能单一

大部分乡村旅游活动（如乡村旅游的第一代农家乐、牧家乐、渔家乐、林家乐等）接待功能单一，基本停留在家庭接待服务上，而且在实际运作过程中更多地扮演着“农家饭店”的角色，所提供的只有棋牌、卡拉 OK 等一些缺乏创意的娱乐项目。

3. 井底意识

对于乡村旅游的经营管理者而言，他们非常乐意在主体建筑上面花费精力和钱财，但是对于建筑周围的生态环境以及内部的整体氛围却不愿花多大精力，他们更加注重量而忽略了质，也就是经营质量和服务特色，尤其是一些经营者，他们更注重快速回收之前的投入，因此在物资采购上，质劣价低的商品随处可见。这种意识还有一个很直观的表现，就是他们不愿意走出去学习先进经验，故步自封，目光短浅。

（二）基础设施和服务落后

基础设施主要是指与之相关的交通、电路、通信和医疗卫生等方面的信息和资源。在对农村旅游资源进行开发的过程当中，不可避免要考虑的因素包括但不限于游客的交通问题，由于风景优美而滞留在此的旅客住宿问题以及在旅行过程当中必要的饮食问题，还有就是与之相关的卫生医疗救治等问题。

与发展已经相对比较成熟的旅游景区和城市旅游相比，乡村旅游社区有一个明显的缺点，就是第三产业发展相对比较落后，从事相关产业的人少且素质较低，由于没有配套且成熟合理的必要培训，乡村旅游从业人员不管是在服务程序上还是服务态度上都存在不小的差距。与此同时，由于自身视野、教育程度和观念的局限，乡村居民的小农思想比较严重，他们很少顾全大局，也没有长远发展的观念，这也就必然会导致一些景区恶意漫天要价、拉客宰客等现象的发生。

（三）管理存在漏洞

1. 整村开发规划布局有待加强

与统一规划的旅游景区相比，乡村旅游的分散性和松散性比较明显，无法或很难进行统一规划和管理。这就意味着对他们的管理很多都是事后进行的一种控制，导致的结果就是在乡村旅游资源建设过程当中，没有配套的科学依据和理论，存在很大范围的乱开发和乱建设现象。

2. 具体经营活动各自为政

乡村旅游经营者之间竞争激烈，为拉客源相互削价、诋毁的事情时有发生，乡村旅游的发展处于无序状态。单打独斗的多，团结协作、致力于树立全村形象的意识不强。

（四）卫生状况需要提升

很多去乡村旅游的游客会担心农家乐所提供的食品和餐具的卫生以及从业人员的健康证等情况，再加上在一些旅游过程当中，农村旅馆的厨房设备和餐厅没有明显的界线，厨房设备也相对简陋，消毒设备、排污设备等都有所欠缺，整体表现出来的卫生状况令人担忧，不容乐观。

（五）安全缺乏保障

很多农村建筑的电路、电线由于长期没有得到相应的改造和检修，很容易出现用电隐患，再加上农村生活必然存在的一些杂物摆放，可以说一旦发生危险后果十分严重，尤其是一些旅游资源比较好的农家旅馆，也就意味着位置相对比较偏僻，这对于保证旅游资源安全以及相应的游客生命财产安全而言将是较大挑战。

（六）普遍缺乏旅游发展资金

与此同时，对于乡村旅游的经营和管理而言，资金的缺乏也是非常重要的一个问题。由于乡村居民收入比较单一，资金匮乏是一个非常普遍的现象。即使资金后期到位，由于管理层面的缺乏，在资金的使用上面也极为不科学、不合理。相对而言，乡村旅游是一个投资少、见效快的项目，但要想发展精品，长远规划资金的重要性不言而喻。

二、乡村旅游经营与管理的目标

要以“管理规范、组织到位，卫生、安全状况良好”为乡村旅游活动的基础管理目标，同时应注重改善经营管理，突破发展困境。

（一）注重由粗放型向集约化发展转变

乡村旅游的项目结构单一、规模小，制约了乡村旅游的发展，需由个体开发向规模化发展转变。现今，乡村旅游发展方式较为粗放，旅游资源利用效率不高，应注重聚集发展，规模化经营。如以田园风光（农田、果园、茶园等）为特色的乡村旅游，必须有一定的规模才能形成景观，因此需要适度的规模经营，目前许多农民开始自行交换土地使用权，推进土地的集中。

（二）注重产品由大众化向特色化发展

做好乡村旅游的分类特色管理，做好地区分工、产品分类、顾客分层、服务分级。分出特色、分出市场、分出规模。“家家达标准，村村有特色”是乡村旅游发展的目标，太多的标准化管理，容易导致产品与服务趋同。

（三）持续推动经营者的本地化

经营者的本地化能最大限度地保证乡村性，是乡村旅游持续发展的根本保证。外来户主要经营高投资的餐饮、住宿与娱乐，在经营中有一定的租金成本，而本地户主要经营经济实惠的家庭旅馆与农家饭菜，在经营中则没有租金成本；如遇到疫情或淡季，会导致从事乡村旅游的本地户和外来户处于半失业状态，本地户影响较小、外来户受影响较大的情况则限制了外来户的投资。

（四）积极打造社区和谐目标

一是做到乡村产业和谐：社区产业结构合理，经济稳步、协调发展，居民收入逐年递增。二是做到政府和居民利益关系和谐：社区分配制度合理，社区参与动力足，社区各主体自觉支持乡村旅游的发展。三是做到居民和游客之间的关系和谐：社区居民对游客抱欢迎态度，游客的旅游印象良好。

三、推动乡村旅游专项管理不断发展

（一）开业资质管理

对乡村旅游服务组织的设施、服务能力和从业人员的职业资质等做出限制性规定。例如，成都市《乡村旅游开业基本条件》地方标准中规定了开业应具备的基本条件和要求，包括从业资格、经营服务场地、接待服务设施、经营管理、从业人员五个方面的要求，规定乡村旅游必须持“四证”才可以开业，即营业执照、卫生许可证、健康证、排污许可证，缺一不可。为了让游客吃上放心饭菜，成都市卫生局还出台了卫生管理规定，要求乡村旅游厨房面积大小必须与接待员相适应，最小使用面积不得低于 12 平方米。

农户申请开办家庭旅馆时，必须“四证”俱全（即卫生许可证、安全许可证、旅游从业人员岗前培训证、经营许可证）；对经营户进行等级评定时，应从基础条件、安全标准、卫生标准、资源与环境保护、综合管理、接待设施、服务质量要求和项目选择等方面对其进行综合评价等。例如，北京市民俗旅游接待户评定标准就从从业人员、基础设施、服务标准等方面进行详细的规定（见表 3）。

表 3　北京市民俗旅游接待户评定标准有关要求

主要评定条目	主要要求
从业人员标准	必须年满 18 岁，具有一定的经营能力；具备良好的职业道德；身体健康，无传染性疾病，持卫生部门统一颁发的健康证上岗；着装干净、整洁。
基础设施标准	①有专门用于营业的客房，房间内配有必需的生活用品（如暖水瓶、茶杯、毛巾等）、防蚊蝇（如纱帘等）设施。客房必须清洁卫生、宽敞明亮，做简单装修并具有当地民俗、民情特色。②卫生间要男女分开，并设置醒目的标识，坑位、储池分离，使用封闭式或水冲式厕所，同时配备必要的照明设备。③有牢固的院墙，院门。④房间布局合理，有足够的操作空间。灶具、洗刷池干净整洁，至少要有两个洗刷池。厨具、客用餐具摆放整齐，通风排烟度好，必须配备消毒设施。操作间符合卫生防疫部门标准，严格遵守卫生管理制度，保持环境卫生，餐具、刀具定期消毒，并配有盖布、盖帘。⑤有独立的洗浴间，配备电热水器或太阳能淋浴设施。要有挂钩、梳妆镜等附属配套设施，墙壁、地面平整光洁，喷淋排污通畅。⑥各户必须配备 1 台以上的电视机及直拨电话。
服务标准	①服务公约及管理制度健全，住宿须知上墙，坚持住宿登记制度，合法经营，不得从事违法、违规活动。②服务人员注重文明用语，做到对游客热情、礼貌。③床单、被罩、枕巾必须做到一客一换，茶具、餐具和洗漱用品每日清洗消毒，每日定时清理房间，保持室内卫生，天花板、墙壁无蜘蛛网，地面干净无尘土，无卫生死角。④接待户家庭成员与游客要分开居住，不得混住。⑤注意防火防盗，必须配备灭火器材，保证游客的人身安全和财产安全。

（二）筹集资金

要充分发挥政府的主导作用，由国家牵头，联合一些经济实力和管理能力较强的企业或私人入股，走股份制或股份合作制的道路；鼓励国企、私有经济单独或合作开发，也鼓励农民个人或联合开发。总之，要多渠道、多层次、多种形式筹集资金。

对不符合乡村旅游强制性要求的产品和企业要坚决依法取缔；对不符合乡村旅游非强制性要求的旅游产品和企业应征收一定的费用以弥补其损耗的社会成本。

在国家、地方、村镇积极开发乡村旅游项目的同时，要鼓励农户发挥各自优势，开发有特色的项目，对旅游产品、住宿、交通、小型演出等产品，要鼓励个体农户筹办，对乡村大型文艺演出等产品，要鼓励社会化投资，“公司—农户”是目前较好的一种经营运作方式，社会化投资和多元化融资是政府投资之外更广泛的资本来源。要鼓动个人、乡村、县投资，吸收闲散资金与外资，利用股票上市、债券发行、股权置换、项目融资等资本市场直接融资方式，同时银行、税务、保险部门也应该积极支持，保证低风险的市场运作机制，建立起财政扶持、金融支持、群众自筹、吸引外资等开放型、多元化机制。

（三）人才管理

乡村旅游的经营管理，并不像人们常理解的，只要管理好游客的食宿即可，或者是提供一些简单的娱乐。在实际经营中，会发现由于乡村人口构成和环境要兼具经营管理和农业生产，这也就意味着对于乡村旅游的相关人员提出了更新和更高的要求。因此在乡村旅游的经营管理当中，除了当地的住户以外，还要积极引进高素质人才，一方面能提升当地的管理经验和水平，另一方面也能带动和提高当地劳动者的素质，奠定人力资源基础，同时也打造新时代新型乡村。

随着乡村旅游项目的不断推进，经营者们也在不断脱胎换骨，他们经历高山低谷，领略市场挑战，面对各种困难，同时也积极迎接先进理念，他们可以是朴实勤劳的劳动者，也可以是挥斥方遒的经营者，在他们的不断经营和变革当中，也终将营造全新的旅游环境，为乡村旅游和乡村经济助力添彩。

四、乡村旅游基础管理

要明确乡村旅游的管理机构，统一对乡村旅游日常运作进行规范和指导，有条件的地区还可以根据实际情况成立管理办公室，负责日常的指导和管理工作，避免出现无序发展和管理混乱的情况。

（一）乡村旅游环境管理

在开发乡村旅游的过程中要十分注意旅游环境。注重组织开展以“户洁、街净、村美”为标准的村容村貌和环境治理整顿工作；对入村道路进行整治、绿化和美化，并加强基础设施建设，如兴建停车场，修建星级厕所，为道路安装路灯等；县政府每年要拨出乡村旅游发展专项资金。要加强旅游中的环境保护，经营者和服务人员要有生态环保意识，在旅游过程中要主动爱护环境，同时要引导游客爱护环境。对破坏环境者轻者要说服教育，造成严重后果的要依法追究刑事责任。

（二）乡村旅游设施管理

1. 乡村旅游住宿设施管理

乡村旅游住宿设施因其所在地域特殊，与普通的住宿设施设计管理都应该显示差别。建议乡村住宿设施和建设方向如下：

（1）主题农院。

接待农户应对庭院氛围进行营造，建设不同的主题农院，减小接待农户间的重复建设和隐藏的矛盾竞争。

主题农院的建设主要通过接待农户房屋内外的乡土化装修、体现乡土气息而实现。依托现有的乡村村舍及其各自分布特点，进行不同主题的选择与营造，如“红椒院”“金葵园”“秋收里”等，使农舍摆脱“××号”的生硬编制，成为具有主题内涵的新景点，同时也方便游客按需选择。

尽量保持乡村农舍原有的风格特点，遏制“处处白瓷砖、家家马赛克”的市井风气；在装饰点缀方面，除种植观赏性的乔本、藤本、草本植物外，鼓励大量使用玉米棒、辣椒串、大南瓜等色彩明快的农产品，以及辘轳、耙、犁、碾磨盘、纺车等乡间农用工具作为点缀，以增加农院的乡土气息。

要在建筑风格及周围环境的基础上确定客房的装修风格，在装饰内容和形式的统一中体现出艺术特色，可以体现文化气息、地方特点、风土人情，也可反映优美的青山绿水、宾至如归的温馨家庭、世外桃源的宁静幽雅。追求与自然和谐的乡土气息，吸取地方乡土艺术的文化特点及表现手法进行室内设计装饰，强调使用地方材料，注重“人情化”和“地方特点”。①

（2）星级农庄。

乡村住宿的内部设施可按照一、二星级酒店的标准建设，其标准不难达到。这样可增加住宿功能的使用率，留住客人。客房可以根据《旅游星级饭店的划分与评定》来设计装修，其中门锁为暗锁，有防盗装置，显著位置张贴应急疏散图及相关说明；装修良好，有软垫床、桌、椅、床头柜等配套家具；至

① 谢影，杨春丽．生态农业与乡村旅游管理模式探索［J］．食品工业，2021（5）：42.

少 75% 的客房有卫生间，装有抽水马桶、面盆、淋浴或浴缸（配有浴帘）。客房中没有卫生间的楼层设有男女分设、间隔式公用卫生间以及专供客人使用的男女分设、间隔式公共浴室，配有浴帘；采取有效的防滑措施，24 小时供应冷水，16 小时（二星级为 18 小时）供应热水；照明充足，有遮光窗帘；备有饭店服务指南、价目表、住宿须知。此外二星级还增加了下列要求：有方便使用的电话机，可以拨通或使用预付费电信卡拨打国际、国内长途电话，并配有使用说明；有彩色电视机，画面音质清晰；具备防噪声及隔声措施；设有至少两种规格的电源插座。

针对乡村旅游接待的特点，通常的客房设施设备的配置应打破常规。如将写字台或小茶几变为正方形，以便喜欢打牌的客人可以随时起牌局；客房休息区的地毯换成硬质地面等。

2. 乡村旅游交通设施

与城市旅游和景区旅游相比，乡村旅游有一个比较不好解决的问题，就是进入性问题或者说交通问题。解决交通对于乡村旅游而言，就是取得了一项跨越性的发展，同时也是解决了一项制约性因素，交通方面的畅通无阻以及标准化的交通标志对于游客旅行而言，不仅保障了安全，同时也实现了快捷。

3. 乡村旅游社区服务设施

对乡村社区环境综合治理、医疗、文体、教育、安全保障等设施提出基本的要求，以适应乡村旅游的发展。

（三）乡村旅游卫生管理

乡村旅游以乡村社区为主要活动场所，为切实保障乡村旅游景区优美清洁的环境，应提高“乡村”从业人员自我管理、自我约束的能力，使其养成讲卫生的良好生活习惯，为游客构建出一个文明、清洁、卫生的旅游和居住环境。

1. 乡村旅游住宿卫生标准

乡村旅游管理过程中的乡村旅馆，在选址上就要考虑到住宿环境的卫生标准，通常情况下选择那些自然环境优美、地理位置安全、没有污染、区位和交通相对来说比较方便的地方。在保证环境的基础上，也避免了工业性污染。在对客房进行设计时，要考虑的因素主要包括消防、安全、卫生、取暖、通风、防噪等，保证游客的人身和财产安全，促进乡村旅游的发展。

2. 乡村旅游餐饮卫生标准

在乡村旅游经营管理过程当中，餐饮卫生标准也是非常重要的，很多旅客会因为餐饮卫生方面的原因而对一个旅游景点产生恶感，这就要求乡村旅游在经营管理的过程中，要对餐饮设施工程进行相应的符合标准的新建、改建以及扩建。

与此同时，受限于当地经营管理人员知识面以及经验，相关部门还可以建立相应的培训制度，定期对乡村旅游从业人员进行培训，使他们在懂得国家相关法律法规的同时，也能对自己的工作岗位有一个充分的认知，进而从认知层面加强卫生管理，积极发现和调整乡村旅游经营管理中餐饮卫生面临的问题，进而提出具有可行性的改善制度。受限于当地的设备情况，乡村旅游在餐饮设施方面可以采用集中消毒方式，不仅降低了成本，同时也保证了用餐卫生。

3. 乡村旅游饮用水卫生标准

水是生命之源，旅客在游玩过程当中，水是不可或缺的必备物资，乡村旅游的经营与管理中饮用水卫生也是非常重要的一个方面。在选择水源方面要严格按照国家规定的相关标准，同时还要考虑当地历年来水质、水文以及当地的地质情况等，综合多种因素如经济、卫生、水资源等提供饮用水。

（四）乡村旅游安全管理

对于旅游景区而言，安全是其长远发展的生命线，更何况乡村旅游的经营与管理，其复杂性注定了安全管理要尤其注意，一刻都不能忽视和松懈。乡村特殊的地理环境和人文，再加上当地人口密度和普遍资金能力较弱，使得旅游管理和经营的难度可想而知。

1. 村落治安

要加强社会治安管理，加大警力和巡查力度，保证旅游者、经营者的人身、财产安全。加强对从业者的安全教育，强化安全意识，做好安全检查，狠抓各项旅游安全工作的落实，确保不出任何事故。成立“村落治安小组”或“治安员”负责维持村落社会秩序、保障游客人身安全。

2. 住宿安全

乡村住宿的客房安全包括防火、防电、防碰撞、防滑等方面。防火是指客房的装修材料、家具用品应有防火阻燃性，客房顶部应安装有烟火报警器、灭火喷淋装置及其他灭火器材，要求接待农户必须配备灭火器、消防水管等消防设施以备不时之需；防电是指客房中所有电器应有自动断电保护装置，防止客人触电，电器的安装使用应按国家有关标准执行并有必要的使用说明和安全标志；防碰撞是指门、通道各个地方的高度和宽度应适合人体工程学，使用时人和行李与室内设施不会发生碰撞而受伤和损坏；防滑主要是指地面使用的材料在客人走动时防止产生滑倒的情况。客房地面如果使用石材或地砖应有防滑性能，卫生间一般均应使用防滑地砖，浴缸底部也应有防滑功能。

3. 游览安全

要求旅游景区在游路岔口、危险地段设置游览指示牌和安全指示牌；同时，选派景区巡逻员，负责景区内游路指引以及游人安全救助等工作，为游客提供安全保障。

（五）乡村旅游服务质量管理

乡村旅游的建立与发展，“软件”服务的建设必不可少，也是提升游客好感的重要途径，规范的服务体系对于乡村旅游的长远发展而言至关重要，这对于乡村旅游的服务质量的进一步提高也有非常重要的促进作用。

1. 打造浓郁的乡村氛围

服务人员对自己从事的职业有积极的认识，对客人的心理有深切的理解。为了加强乡村旅游服务的乡土气息体现，可规定服务人员在服务提供过程中穿着当地乡村社区的传统服装。

2. 以主动热情为服务指向

良好的仪容仪表，自然得体的语言，落落大方的气质，微笑服务贯穿始终。主动服务是要服务在客人开口之前，热情服务则是发自内心地满腔热情地向客人提供服务。可从细处着手体现服务品质，如一个细致的服务员在整理房间时发现客人睡觉时把床罩搭在了毛毯上就会联想到可能客人觉得毛毯太薄，主动为客人加棉被。

3. 注重旅游者权益的保护

旅游者权益的保护对于乡村旅游经营管理而言也是非常重要一方面，让乡村旅游者的权利能够得到充分的保护和享受，不管是知情权、人身安全还是个人隐私等，游客只有被充分尊重了，才能在旅行的过程中有宾至如归之感。

旅游者应当享有的权利具体有：知情权、自主选择权、公平交易权、获得赔偿的权利、获得知识和教育的权利、受尊重权以及监督建议权。

4. 健全旅游服务体系

乡村旅游经营管理中，集散中心的作用是毋庸置疑的，它不仅能为游客提供相应的旅游信息，对于游客的咨询服务而言也相当重要，如果有演出场所，集散中心还可以作为提供相关信息咨询服务的重要场所。

第三章　乡村旅游产品创新发展形势

第一节　物质类乡村旅游产品创新发展

一、乡村旅游餐饮产品创新发展

乡村旅游餐饮是指村民可以利用自己（村）或家人作为厨房食堂人员，利用农村自建设住房作为食堂、餐厅，并选择本地的农作物为烹饪原材料做成菜肴供旅游者进行用餐的产品。乡村旅游餐饮产品成为留住旅游者，吸引游客的关键。

（一）乡村旅游餐饮产品特点

绿色。注重农作物在无污染的环境下栽培、繁殖、施用有机非高毒肥料等，突出真正农家菜的主要原料是纯天然“绿色食品”。

朴实。注重农家菜的做法简单、淳朴、天然。同时，农家菜的餐具使用要得当，突出造型朴素、花色单一，且以大碗、瓦罐、砂钵、炭炉等居多，使得品尝农家菜的体验体现出返璞归真的韵味。

鲜美。农家菜肴的味道调配简洁大方，主要以家常风味见长，保证菜品的原汁原味，很少加或不加太浓的佐料，不添加任何调色剂、添加剂等，体现出食材烹饪本来的新鲜和美味的特性。

实惠。农家菜其主要食材都是农户自产自销，而人力物力则多来源于本乡本地，具备投入小、经营风险小、运营灵活多样等优点，因而其收费应明显低于城市餐饮场所，体现出较为实惠的特点。

（二）乡村旅游餐饮产品创新发展

1. 乡村旅游餐饮产品绿色化

体现出浓郁的食材乡土气息。乡村旅游餐饮的食材以就地取材为主，运用农村中已有的自然资源，展示其野生、家养和粗种的特点，展示其“纯绿色食品”的特性。由于食物的原料以本地为主，可邀请客人自己采集或料理，使游客亲身感受到乡村餐厅的与众不同。还可邀请种菜高手、饲养名家从自然科学方面介绍农业知识。

2. 乡村旅游餐饮产品主题化

充分挖掘乡村饮食文化与乡村旅游资源的融合。一般来说乡村旅游餐饮产品既可以是地方特色名菜，也可以是家常小菜，还可能是面点小食，应充分发挥乡村餐饮产品以“自然本味”为主题的核心指向，迎合游客渴望回到大自然的迫切心情，让游客体验到食材发挥出的自然本味。

3. 乡村旅游餐饮产品线路化

以线路为核心，将有特色的乡村旅游餐饮产品做成品牌线路进行积极推广，让游客充分体验到“食在民间”，通过有效线路的设计，让游客品尝到更多不同乡村的特色乡村美食。同时对具有良好游览条件和丰富饮食资源优势的乡村，要进行合理规划线路和必要的产品串联设计，把旅游线路制定成游览专线或特色美食地图，标注各个地方的特色乡村美食，从而实现一条龙咨询服务，便于客人顺着游览行程一路品尝。也可根据各地不同的饮食资源优势差异制定多样化的乡村特色美食行程，如古镇美食、健康美食、药膳美食、减肥美食、烹饪修学美食、海鲜美食等游览专线。各种旅游者均可根据自身的兴趣爱好选择适当的旅行路径，在美食线路上体验读、观、尝、思、乐，从而充实自身的乡村生活感受与精神体验。

4. 乡村旅游餐饮产品品牌化

要从餐饮产品、餐饮服务、餐饮管理和运营等方面全方位打造乡村旅游餐饮品牌。积极对已有影响的乡村旅游餐饮品牌进行重新包装，并通过各种节会、推介会来进行市场推广。

运用数字化环境促进乡村餐饮品牌化的推广。发挥好“网络＋农村餐饮业”新媒体推广方式。积极利用当地的官方微信公众号（镇、村）发布农村特色美食信息，通过利用“抖音”“快手”等自媒体传播平台农村特色美食生产制作过程，利用微商网络平台直链式营销乡村旅游餐饮产品。

5. 乡村旅游餐饮产品体验化

乡村旅游观光和乡村餐饮制作体验相结合。一方面在乡村餐饮服务中，通过开展体验性乡村餐饮服务项目，使旅游者亲身参加农村饮食制作活动，从而深入感受农村生活；另一方面为了减轻淡旺季消费不平衡造成的营销压力，也可根据时令节气及淡季时期的村落景观和食材特色，创新农村特色养生餐饮产品，全面提升乡村旅游餐饮融合发展的可持续性。

二、乡村旅游民宿产品创新发展

乡村民宿是利用乡村当地民居等相关闲置资源，以简单居住为核心，主人参与接待，为游客提供体验当地自然、文化与生产生活方式的小型住宿设施。

（一）乡村民宿产品特点

开拓游客乡村生活体验空间。乡村民宿增加了游客的旅游意识与乡村居住的生活感受，在有效发挥地方自然资源和人文资源优势的同时，也拓展出了极大的市场空间，从而为其运营管理与服务所在乡村、乡村民宿经营者提供了更多的经济效益。

有效助力乡村产业多元融合。乡村民宿的有效开发，摆脱了乡村旅游以餐饮为核心体验的传统方式和单一盈利模式，一定程度上，具备“三产联动、多业融合”特征的民宿经营显然是一种非常好的经济载体。

（二）乡村旅游民宿产品创新发展

1. 利用周边优势做好乡村民宿多元开发

乡村旅游住宿需要在改善设施的基础上更进一步地适应人们对住宿的品质要求。在民宿的建设方面要利用农村闲置自然资源，结合传统农业、手工业等本地特色产业，形成本地特色生活场景。在保留本地风俗特点的同时，还要保证一定的舒适度，使旅游者们感受到原汁原味的乡村民宿日常生活。乡村民宿在建设中体现外部环境清幽朴素的条件下，应适度发展一些新主题民宿房间，以迎合住宿者不同的个性化要求，如有适宜情侣住宿的浪漫甜蜜主题，适宜文艺年轻人、背包客住宿的艺术体验式主题，又或是适宜家人住宿的温馨赏景度假型主题。

2. 多渠道提升乡村民宿从业者服务素养

乡村民宿是否能有效运营，其从业人员整体素质是关键因素。乡村民宿的从业人员多为当地村民，要有针对性开展培训，提升乡村民宿的服务水平和赢利能力。当前乡村民宿经营户的服务主体也存在一定差别，不但有本地农户，还有文艺爱好者，以及一些追求文艺情调的留在当地长住的外国游客等。这些员工的业务素养参差不齐，为提高民宿从业者的业务素质，政府有关部门和专业机构应加大对本地区民宿专业管理人员的培训。一是进行全方位培训，对民宿管理人员和从业人员在环境认知、运营观念、客户认知、服务礼仪、品牌认知等领域开展专门训练，从而全面提升民宿业者的综合业务素养；二是制定相关优惠政策吸纳高端住宿产业的管理人才，提高本地住宿的专业水平，带动住宿产业提升。

3. 以增设体验项目来丰富住宿生活

以增加多元体验为核心，合理安排居住外的其他项目，如可以在民宿内开辟专门场所，设置休息游玩的空间或大家共同参与的游乐项目，从而提高人们的住宿感受与文化享受。也可利用本地特色自然和人文旅游资源，举办一些文化体验项目，如可以让住宿的游客们体验亲自采摘茶树，最终完成茶叶的生产，这样游客们不但经历了采茶制茶的过程，也同时能够把自己所收获的茶叶保存或是作为礼物送给亲朋。还有各地区的非物质文化遗产也可作为住宿游客的体验项目，既丰富了旅游者的住宿感受，也对传统的民俗文化和非物质文化遗产领域起到了较好的保护效果。另外，在旅游淡季与相关机构共同组织有价值的民俗节日活动如艺术节、博览会及相关纪念活动，既可吸引旅客前去观光住宿，也可丰富地方历史文化。

4. 以品牌带动经营管理特色化

（1）乡村民宿样式多样化呈现。

特色化是提高乡村民宿竞争力的重要手段，发展乡村民宿，要充分发挥本地的自然条件，并采取差异化的居住方式。独栋别墅式、独立庄园式、田园牧场式都是常见的样式风格，发展乡村民宿要因势利导，开发多样化的样式风格，以适应游客对特色民宿的需求，合理的民宿风格可以避免产品同质化以及恶性竞争。

（2）乡村民宿风格主题化表达。

由于乡村民宿市场需求多种多样，在吸引旅游者和实现多元化发展的过程中，特色主题是最重要的，更好地开发具有特色主题的乡村民宿，充分挖掘当地的历史、民俗文化，并加入相应的主题体验活动成为发展乡村民宿的关键。

（3）丰富乡村民宿文化内涵表现。

独具特色的文化体验是乡村民宿的核心吸引物，乡村民宿的开发要与当地的特色文化相融合，通过开发各种乡土农业体验项目，形成具有特色的乡村民宿文化。一方面要充分体现出以乡村民宿为载体的特色文化——乡愁文化，另一方面在乡村民宿中要将乡野、民俗、乡情、人文等元素加以有效融合，不盲目追求精致的装饰，应该以体现当地乡土特色为核心。

5. 积极拓宽乡村民宿营销渠道

注重网络营销是推动乡村民宿发展的前提。互联网营销主要体现在农村住宿运营商在互联网上投放农村住宿内容，通过视频、照片、网络直播的方式介绍住宿地点、客房样式，方便游客通过线上旅游平台等互联网途径观看，提高乡村民宿的出租率。同时，消费者也可以成为会员，享受到相关的折扣，提高消费者黏性。

三、农业嘉年华产品创新发展

农业嘉年华主要是近郊农村各种各样文化艺术活动形式的公众娱乐盛会。农业嘉年华是乡村新兴业态，能推动一二三产融合发展，是农业、科技、旅游、文化四轮驱动下的一种整合平台。

（一）农业嘉年华产品特点

1. 从简单农产品展示向“农业 +”不断转化

从简单的农业博览会向“农业 +”创意娱乐体验转变。以北京市农业嘉年华为代表，北京市从 2013 年开始举办农业嘉年华，凭借新颖的展陈形式、丰富的展示内容、多彩的互动项目赢得了广泛好评。例如，第七届（2019 年）北京农业嘉年华活动按照“三馆、三园、一谷、一线”八大板块设置（见表 4），获得了广大市民和各界人士的高度评价。北京农业嘉年华展现了富有吸引力的首都农村建设的特点和未来农村建设的态势，给人们创造一个亲近农村、认识农产品的契机，也给农户与品牌提供了一种沟通、互动的好机会，是首都都市型现代农业的新形象和昌平转型经济的新亮点，已成为全国农业休闲类活动的标杆。

表 4　第七届（2019 年）北京农业嘉年华活动板块设置

三馆	国际交流馆（A 馆）、农创风情馆（B 馆）、农创科技馆（C 馆）
三园	农事体验乐园（D 区）、主题狂欢乐园、草莓采摘示范园
一谷	延寿生态观光谷
一线	全域旅游线

2. 区域农村新环境的有效展示

以“田园综合体 + 农业嘉年华”为特色，不断展示中国农业生产和乡村经济的蓬勃发展。一方面展示田园综合体聚焦凝练出的促进中国乡村经济整体增长的新方式、新产业、新路径，并把循环农村、创新型农业、农事经济体验集为一身；另一方面发挥好农业嘉年华影响力，充分发掘地方农产品资源、地方特色文化资源和旅游观光资源，积极打造现代农业发展、新技术推广的平台。以中国田园综合体的最深入实践者——广西壮族自治区玉林“五彩田园”农业嘉年华为例，早在 2015 年已将田园综合体概念变为了农村实践，并且随着五彩田园项目的持续开展，玉林农业嘉年华已经成了中国农民嘉年华概念和田园综合体有机结合的成功范例。

（二）农业嘉年华产品创新发展

1. 注重发挥农业、科技、旅游、文化产业四轮驱动作用

传统的农村产业园区的职能较为单一，其目的在于推动农村经济的现代化发展，增加农民收入。而农业嘉年华则在发展农村经济的同时，满足了游客对

乡村旅游和农产品安全的需求。农业嘉年华促进三产的融合，实现了农产品园区、田园观光园区、农产品奥特莱斯等多个领域的高度整合。

2. 不断推进实现利益共赢的平台生态建设

农产品嘉年华是一种以农产品各种功能特点为基础的综合平台，是一个集先进技术与装备于一体的现代化农业展示平台，同时也为举办世界农产品专业展览会和世界高级论坛提供了物质基础；它是一个具有良好地理位置的农产品贸易平台，它能有效地缩短农产品与市场的差距，有效地促进了当地农产品的品牌建设；是农业职业培训与实践认知平台，承担农村优质农民的职业培训、中小学研学等工作；并以创意农业为载体，展现当地特色民俗文化。

3. 以地方优势产业和特色文化为开发重点

农业嘉年华中各场馆的主题设计均充分考虑到了各地的主导产业和农业特色，每个场馆均对应着各地的主导产业或农村特色产业，并将各地的农业特色以及传统民俗以表演的方式设置在各个场馆中。只有与当地产业紧密结合，展出内容才能具有产业优势和群众基础，展览采用的技术才能进一步在当地普及使用。

4. 不断促进农业嘉年华的规范化发展

近年来，农业农村部不断出台政策，鼓励各地开展农博会、新产品的创新和推广等活动，使得农业嘉年华也将在全国范围得到广泛的发展。我国的农业嘉年华，嫁接并融合了发达国家已形成的农业发展模式，以打造中国特色农产品大平台为核心，对于推动地方经济社会发展，农民增收致富，推进农村发展等方面的作用明显。

四、乡村旅游商品创新发展

乡村旅游商品是指伴随乡村旅游而形成的具有农村特色的、可供消费者选择的旅游商品。

（一）乡村旅游商品特点

一是丰富乡村旅游商品的构成，乡村旅游商品注重“核心理念 + 商品形态 + 服务附加”的层次构建。二是乡村旅游商品核心理念是重视顾客所获得的收益，也就是顾客价值。三是乡村旅游商品形态是乡村旅游商品的实质形式，也是产品功能的载体。四是乡村旅游商品的服务附加包含与产品有关的信贷业务（出具证明）、无偿配送、保证、服务等。

（二）乡村旅游商品创新发展

1. 注重差异化发展

乡村旅游商品应符合其商品的“三性”（纪念性、艺术性、实用性）和“三风”（中国风格、民族风格、地方风格），而且要着力凸显“农村”的主体，发掘各种农村优势，充分展示乡村旅游商品的特色内涵、优势，以此打造自身的产品。例如，同样是竹编、剪纸、土特产等商品，它既能放到小店铺里当作一般商品销售，也可将其加工、再开发，成为富有浓郁乡土特色、散发着乡土气息的乡村旅游商品。

2. 推动特色美食向旅游商品转化

注重将乡村特色美食逐渐转化为文化旅游商品。如创建特色农家院，建设特色美食街，开展农村美食比赛等。这不但实现了特色产业的深入发展，提升了地方知名度，还带动了乡村旅游的进一步发展。

3. 加强综合性休闲农业园区带动作用

针对乡村旅游大多停滞在“吃农民饭、住农家院、果蔬采集”的简单方式这一现象，必须将已有的大型采摘园区和高新科技农业产业园打造成为企业化经营、农业生产制作、生产技术展示、农产品加工、休闲旅游为一体的综合型休闲农业产业园，推出综合性乡村旅游商品，满足多元化消费需求。例如，依靠地方优势的农产品资源建设农产品主题公园、高新科技农业旅游演示园、自然采摘经验区、现代农产品特色宾馆和茶吧、现代农产品特色娱乐山庄等。

4. 加快特色工艺品开发

乡村旅游必须包含有特色的文化旅游商品，来适应游客“购”的需求。所以，应对农村特色手工艺品的生产给予重点扶植，并通过组织工艺品设计比赛和产品展销、民俗手工业作坊、制造厂房的游览、体验制造流程、欣赏手工业表演等活动来促进农村特色工艺品产业发展。

5. 积极构建乡村旅游商品品牌

一方面积极参加有关乡村旅游商品的大赛、展览会、销售会、产品展示会、宣传活动等，以宣传农村特色商品；另一方面建设具有地方特色的旅游商品购物中心、商品街，乡村特色商品专柜等，实现前店后厂式的营销。此外还应建设全国乡村特色商品信息数据库，通过互联网多渠道营销，提高商品知名度，打造乡村旅游商品品牌。

6. 推动农村特色旅游商品产业化建设

要根据农村优势资源与环境条件，通过不断开展乡村旅游节庆活动，积极搭建资源整合的市场平台，有效推动农村各地特色商品的良性互动发展。并借此来延伸产业链，带动乡村特色旅游商品的行业发展。

第二节　非物质类乡村旅游产品创新发展

一、乡村旅游农耕文化产品创新发展

我国的农耕文化是几千年来由劳动人民的智慧和经验总结而成的，是一种具有中国特色的文化。乡村旅游中呈现的农耕文化主要表现为精细耕种传统、传统农业技术（如作物选育技术、作物病害生物防治技术等）、治水理念（如都江堰的水利工程、新疆建立的“坎儿井”等）、物候与季节规律（如“十二物候”和“二十四节气”）、农产品生态化（如立体种植，稻鱼共生等）、农业加工（如大米、食油、小食糖、豆类等制作）、茶文化（如饮茶、种茶、制茶）、蚕桑文化（如养蚕、丝纺丝织工艺等）、农业文化思想和农书、民间艺术（如年画、剪纸、农民画、蜡染等）。

（一）乡村旅游农耕文化产品特点

观光型农耕文化产品注重农业产业链的系统展示。观光型农耕文化产品以田园景观观光为主，包括农产品、农具展示、手工艺品展示等。这种旅游方式只是一种简单的观光活动或采摘活动，它的文化内涵比较单一，商品种类单

一，游客体验型项目少，游客的重游率和商品的吸引力不高，而观光型旅游产品正是中国乡村旅游资源开发主要方式。因此，当前中国乡村旅游面临着游客停留时间短、重游率低、消费水平低等初级阶段存在的问题。

体验型农耕文化产品注重多元化农事的体验，强调参与的重要意义，游客可以参加各类农事活动、手工制作、民俗风情、传统民俗活动，也可以到农家体验生活。它是中国农耕文化旅游产品较高层次的发展阶段。

（二）乡村旅游农耕文化产品的创新发展

1. 深挖农耕文化资源特色

农耕文化资源主要表现为田园历史文化风貌、农村生态、农林、渔业等农牧业生产和经营活动，以及民族风俗、农村社会生活等。要在全面地认识与搜集传统农耕人文资源的基础上，深入挖掘那些濒临消失的珍贵资源与物品，使之成为农耕文化继承与发扬的重要资料，从而进一步发掘传统农耕人文内涵的精髓，进一步提供新颖的农产品表现方法，使原有的农产品不断出新，成为吸引游客的核心吸引物。注重使用新的学术研究方法和陈列展览技术，使农业博物馆等展馆成为农耕文化展现的主要窗口。同时，利用现代科技手段，使农业展馆开展的相关旅游活动更具知识性和趣味性，使其更具吸引力。

2. 注重发展体验型乡村旅游

乡村旅游资源最大的特性就是其具备原生态、纯真自然的人文氛围，要在此基础上发展体验型乡村旅游，注重构建以服务为载体、以农耕文化产品为道具、具有吸引力的乡村旅游项目，让游客们真正地沉浸于农村生活，体验农业生活方式，共同传承和发扬农耕文化精髓。同时要以农耕文化为内容，设计多样化的乡村旅游项目，并设立特定的农业体验项目，这不仅是对传统乡村旅游的一种创新，也是对现代农业观光产业发展的有益补充。可针对不同时期的乡村旅游，提供不同的体验。

3. 科学、合理地规划农耕文化品牌

突出当地农业历史、民俗风情等，要注重因地制宜，结合涉农旅游节庆项目，打造农耕文化品牌效应，增加旅游收入。同时要提高经营服务水平，培育专业人才，着力建设一个经营标准化、服务周到的特色休闲农耕观光项目。

4. 促进文化、旅游和生态的和谐发展

要实现农耕文化与乡村旅游的和谐发展，把传统的农耕文化与乡村旅游资源协同开发有机结合起来，达到农业文化传承、乡村旅游增值、环境和谐发展三方价值平衡的根本目的。努力建立健全对农耕文明传承保护、乡村旅游资源开发，以及环境文化保护的有效管理机制，发掘先进农耕文化并将之融入乡村旅游产品中去，为中国传统农耕文化提供保护与继承的有效平台和有效途径，同时也给中国乡村旅游发展带来新动力。

二、乡村旅游民俗文化产品创新发展

乡村旅游民俗文化是一个民族、地区集居的人们所创造、共享、传承的风俗生活习惯。是在普通人民群众的生产生活过程中所形成的一系列非物质的文化、民俗及民众的日常生活。通过文化的生产、交流和传播，它的社会文化价值在不断累积和提升中逐渐显现。在长期的社会生活中，乡村民俗文化形成了数量繁多、内容丰富的乡村民俗文化资源。

（一）乡村旅游民俗文化产品特点

1. 家族村落文化是民俗文化的基础

家族村落是中国最小的自然区划单位，也是乡村生活的主要载体，由此衍生出的中国传统村落是乡村旅游的重要资源。中国传统村落既是一种具有特定地理空间的客体，又是受类似民俗传统制约的文化群体。家庭村落民俗是一种维持村庄成员与社会秩序的古老习俗。族谱、族规、祠堂是家庭村落三大支柱要素，在此基础上衍生出的村落设施、庙宇民居、社会组织、村规等，都构成了乡村旅游的独特文化遗产，成为提高乡村旅游吸引力的重要组成部分。

2. 传说故事是游客喜闻乐见的旅游吸引物

乡村传说故事是农民创造并口耳相传的具有一定情节和人物特征的故事，也包括了相当多的传统神话，以及与一定历史背景、风物、人物有关的民间传说、与现实紧密联系的人生故事、奇幻故事等。乡村传说故事的一个特征在于其具有故事核心，并非是作者无中生有，而是依据传播某些客观现实的事物而形成的，同时也是地方文化特别是乡村文化的一个重要组成部分。因为游客者的旅游消费需求已经由单纯的“视觉享受”转变为“视觉”与“人文”的双重需求，这就使得乡村传说故事中蕴含的宏大的故事主题构成了整个旅游过程的核心内容。乡村传说故事并非只是一种精神文化，它是一种象征化、形象化、可视化的“有故事”景观，让游客在听觉上体会到神话般的美感，同时也获得了心灵上的满足。

3. 工匠文化传递出乡村民俗文化的精神力量

工匠文化所体现出的主要是乡村行业工匠民俗资源，是农民物质生活民俗中的一种形式，乡村工匠文化的民俗资源主要包含以下几个内容：乡村民间工艺设计、生产的技术性、艺术性；乡村工艺产品的民族历史象征的符号性、历史性；制作生产工具技艺具有民俗活动的社会性、价值性等，这种活动不仅包括生产出来的物质产物，还包括了创作的对象，它是丰富农民生活的重要内容。针对乡村工匠文化资源的发掘与利用，主要围绕着保护、传承与发展三个重点进行，注重对乡村工匠传统工艺的现代传承与保护，以及对工匠生存状况的认识，是新时期乡村旅游与非物质文化遗产相结合的重要内容。

4. 传统民间艺术是乡村民俗文化的有力展现

乡村传统民间艺术是一种可以感受到的具体的艺术形式，乡村民间艺术形式多样，如说唱、民间戏剧、民间舞蹈等，乡村传统民间艺术的表演形式、审美特征、表演方式等都得到了传承。乡村传统民间艺术不仅是一种被创新和演绎的民间传统文化，更是一种潜在的社会文化资源，乡村民间活动中的民俗文化符号在象征意义上的演绎过程中，产生了视觉、听觉等多种感官体验，与新时代人们的文化消费需求相适应。例如，流传在晋、冀、陕、蒙的黄河歌会这一常见的民间聚会就是一种乡村传统民间艺术，吸引了大量的民众参与，并逐步形成了一种具有地域特色的文化旅游产品。

（二）乡村旅游民俗文化产品的创新发展

1. 坚持乡村民俗旅游业可持续发展

乡村民俗旅游可持续发展，是指乡村人口数量、资源状况、经济发展三者在其自然生态环境承载能力范围内的协调发展，重点是要保护旅游业与乡村自然人文、民俗文化、生存环境、生态系统组成的整体，要达到均衡发展必须树立“生态旅游”理念。各旅游主体应充分利用自身的主观能动性，采取恰当的经营手段，对乡村民俗旅游进行科学的规划与管理，并妥善处理好生态环境保护和旅游开发的矛盾，实现乡村民俗旅游的可持续发展。

2. 突出乡村民俗旅游的原真性和生态化

乡村民俗旅游的核心是民间文化，它是民俗旅游发展的灵魂。在进行民俗文化旅游资源开发时，不能仅仅把旅游者局限于低层次的民俗载体，要将其引导向更高的民俗文化与精神层次，要丰富民俗文化旅游的环境氛围，必须坚持民俗文化的独特性、参与性、原真性，使旅游者能领略到最原始的民俗文化。民俗文化是各民族的智慧与精神的集中体现，是民族的心灵之美，要把民族的智慧、对生活的热情与向往、健康的心态结合起来，充分发挥民俗文化的魅力，为广大游客提供优质的精神食粮。

3. 实施开发与保护并重的发展策略

民俗文化旅游资源的开发和保护是一种互为补充、相辅相成的关系。民俗旅游的发展是以挖掘民俗文化的资源为前提，既要发展民俗文化，也要对民俗文化进行保护。通过利用农村民间生产活动、生活行为等方式，使农民积极参与到民俗文化的保护中来，提高生产效率，提高家庭收入，提高生活品质，同时也要确保民俗旅游产品的价值。

4. 健全高效可靠的生态补偿机制

乡村旅游民俗文化产品开发也存在着旅游规划、管理不到位，乡村民俗旅游资源开发不充分等情况，使得乡村旅游民俗文化产品供给与游客的需求不相适应，这不仅给当地的生态环境带来了极大的破坏，也给当地的民俗文化传承带来了巨大的影响。因此引进乡村民俗文化生态补偿机制，引导乡村民俗旅游持续健康发展，是实现民俗文化旅游生态化的重要途径。

5. 促进民俗文化地区跨区域协同发展

区域经济发展的本质就是开发利用和配置区域资源、多个部门利益联动、多种资源参与的交叉过程。乡村民俗旅游开发可以依据具体的地域发展目标与资源分布，从省、市、县、乡、村各级对不同地域的民俗旅游资源的数量、质量、开发布局进行全面的分析，通过对乡村民俗旅游资源的优化配置，实现乡村民俗旅游的整体发展。

6. 打造具有影响力的民俗旅游品牌

旅游之间的竞争就是品牌之间的竞争，乡村民俗旅游也要走品牌化的道路，要积极利用特色民俗文化打造乡村民俗旅游品牌①。乡村旅游资源是发展乡村旅游的前提和条件，要把乡村民俗旅游打造成旅游品牌，就需要对现有的旅游资源进行深度开发，丰富旅游体验。注重将农耕生产与乡村民俗旅游相结合，使旅游者亲身下地播种、除草、采摘，使农业生产变成旅游产品，丰富其内涵。借此开发更多、更有内涵的旅游产品，打造创建乡村特色民俗旅游品牌。创建乡村特色民俗旅游小镇，也是创建民俗旅游品牌的重要途径。

三、庙会创新发展

庙会是我国民间流传的综合性传统风俗节日活动。庙会期间，平民百姓们开展祈福祷告、拜天祭神、杂要唱戏和商品集市等许多具有中国各地风俗特点的文化活动。庙会文化是为满足广大人民群众的精神和物质需求而创造产生的，是人民群众民俗文化生活中的一项重要组成部分，与人民群众的日常生活习俗密切相关。

（一）庙会文化产品特点

1. 精神属性较强

庙会主要来源于佛教与道教文化，尤其是在古代，人们会举行各种仪式，以象征着神灵的特殊力量，在一定程度上也符合了当时人们的精神寄托与向往。

2. 传承和变异相统一

随着中国古代庙会习俗的发展和演进，传统庙会活动的古老风俗如祭拜和祝福、集市买卖的精华部分也在不同时期有所吸收和传播，但又因不同时期的社会要求而有所不同，有些活动还需要人们去顺应变化，比如，佛教传入中国时，都是以佛法为主，而到了明朝朱元璋即位后，因为道教的盛行，寺院活动

① 较为知名的民俗旅游村有：关中民俗体验村——陕西省礼泉县袁家村，重庆丰都太坪坝乡土苗民俗演艺村，黑龙江兰西县黄崖子村关东民间文化体验馆，上海崇明江南的山海三民文化村落。

就变成了一种以道教为主的传统风俗。今天的传统庙会活动，在摆脱了旧社会的一些封建迷信之后，其形式也越来越丰富和多样化。

3. 娱乐性、地域性、阶段性色彩浓厚

庙会有大量的民间表演，包括道教中的巡游、各种戏剧杂耍、吹拉弹唱等，提高了观赏性和娱乐性。各地的庙会因地域不同而呈现出鲜明的地域特色，如广府地区庙会所独有的鸡公榄等。同时大部分庙会都是在每年的二、三月份进行，这与古代的社会需求息息相关，人们在春耕的时候，都会举行庙会，祈求风调雨顺。

（二）庙会的创新发展

1. 规范管理，整合资源

要加强对庙会的管理，以防范、遏制不卫生、不文明的表演活动以及封建迷信行为，并严厉打击违法活动，以维护庙会文化艺术发展的稳定与繁荣，发挥其正面导向作用。选择在相同文化发展区域内，把小型庙会移植集中到交通、运输、信息较发达地区的乡村，并约定固定的活动日期，从而实现资源整合，既方便快捷，又可形成规模效应。

2. 在继承传统的基础上糅合现代因素

庙会活动是乡村民俗文化的主要载体，传统庙会旅游发展可以促进乡村民俗文化的恢复和发展。但是，传统庙会文化要想延续传承，必须抓住最本土、最本真的人文因子，才能突出地方特色，并充分发挥文化资源的优势。同时要进一步充实庙会活动的传统文化精神内涵，创新艺术形式，进一步推动传统乡村民俗文化的传承。例如，在庙会中加入音乐舞蹈、杂技幻术、绝技展示等现代文艺，传统的民俗节目运用声、光、电、气等现代科技手段等。要与时俱进糅合现代民俗文化，这样既符合了现代市民的审美和基本价值观念，又可提高庙会对游客的吸引，进一步发挥了庙会文化影响力。

3. 加大开发力度，积极融入市场

庙会这样的乡村文化产业综合体，尽管人气很旺，但精品旅游产品开发不足，所以要将庙会文化放在传统文化的高度上作为资产进行开发和经营，把传统民俗文化资产转变为旅游资产和社会资产。同时要根据庙会形成的特性，做好文化推广，通过使庙会产品进入全球旅游领域，做到把家乡的、民族的，变成国际的这一目的。

四、乡村节庆活动创新发展

乡村节庆活动分为传统节日与特定历史事件。传统节日主要是由宗教、岁时、农事和人类某些生命阶段中的活动综合变化而来。

（一）乡村节庆活动产品的特点

1. 举办时间特定

由于乡村旅游节庆活动一般以果业资源和农作物的最佳观赏期、成熟期，或者当地的民间文化为依托，这便决定了节庆活动举办时间的特定性。由于举办时间集中，造成各种节庆活动重叠，产品同质化严重。

2. 举办区域广阔

与城市节庆活动不同，乡村旅游节庆活动不局限于某一公园、某条街道、某一社区，而是以整个果园、生态观光园，甚至整个乡村作为节庆活动的举办场所，因此，其举办区域范围十分广阔。

3. 促进其他相关行业的全面发展

乡村旅游节庆活动的发展，不仅可以带动乡村旅游和举办地的经济发展，还可以带动其他相关行业的消费需求，如餐饮、住宿、交通、娱乐等，从而推动了旅游业的发展，并使农业由第一产业向第三产业转变，推动当地经济的发展，为新农村建设开辟了新的道路。

（二）乡村旅游节庆活动的创新发展

1. 全域化助力乡村资源提质增效

乡村旅游节庆活动很好地衔接了城市与乡村的农业资源。一是突出农产品资源，以优质果蔬为主题的旅游节庆活动，主要是以水果、农产品、优质果蔬的种植、采摘等为主要内容，让游客在节日期间积极参与，体会到丰收的喜悦。例如，北京草莓节、上海柑橘节，上海马陆葡萄节、郑州玫瑰文化节等农业文化节。二是深度挖掘区域资源，主要依托于具备相当影响力的地点或区域而举办的乡村旅游节庆活动，这一类型的节庆活动主要是在乡村旅游景区举行，其本身的高知名度也在一定程度上促进了节庆活动的推广，如辽宁盘锦赶海节、江西靖安森林旅游节、上海崇明米酒节等。三是助力高新农业科技园区旅游发展，以多种形式的休闲农业项目为依托举办的乡村旅游节庆活动，如上海孙桥快乐丰收节、铜陵农业科技园区休闲文化旅游节等。

2. 多层次呈现乡村生活

一是通过传统观光采摘推广农产品，这一类型的乡村旅游节庆活动，其核心内容是采摘、观赏、购买农产品，如青岛葡萄采摘节、湖南邵东猕猴桃采摘节、崇州布朗李采摘节等；二是助力乡村特色美食推广，这一类型的乡村旅游节庆，主要以特色小吃吸引游客，如广西龙胜美食节，淮安美食文化节等；三是助力民间文化推广，这一类型的乡村旅游节庆活动，以其深厚的民族特色和深厚的历史文化为依托，并利用这些文化传统来表现独特的民风民俗，如上海瀛东渔家欢乐节等。

3. 注重开发地方民俗节庆活动

目前，不少地区重视和致力于乡土文化与传统民俗节庆文化的结合开发，如庙会、各类瓜果蔬菜旅游文化节等。鲜明的特色、不同的文化可以形成吸引力优势，当地特色文化是民俗传统节庆文化得到继承与开发的保障与动力。在现在体验式旅游兴起的背景下，乡村旅游游客的消费需求更加多元，对既具有当地特色又可以亲身参与和感受的项目尤为渴望。所以，在乡村旅游节庆活动开发中，要从游客需求方面入手，因地制宜，凸显农村区域特色，增加项目体验性，以满足各个阶段游客的需求，让农村传统节庆活动具备更多的社会参与度、更大的开发空间。

在乡村旅游发展中，除村庄景点和设施的构建之外，农村生活和生产方式是最能体现农村文明的核心内容，也是农村文明的展示载体，是旅游者对乡村旅游认识的最直观体现。发掘具有区域特点的乡村文化，可以在一定程度上避免乡村旅游节庆活动中出现的同质化竞争，并利用特色文化来抢占乡村旅游市场。

4. 做好对民俗节庆活动的传承

由于城镇化步伐的加快，更多的农民走向了都市，以致农村原有的生产结构和生活模式也发生了变化，乡村生活也发生显著变化，居住在乡村的农民越来越少，不少古老的、富有特点的乡村民俗节庆活动也因为失去了组织者、参与者而日趋衰落，加快了中国农村传统民俗文化的解体，中国农村传统节庆活动也存在着极大的传承压力。村民是乡村文化与传统节庆活动的重要参与者，通过本地村民的参与，可以保持乡村文化与传统节庆活动的“原真性”。原真的乡村文化与传统节庆活动将成为吸引游客、留住游客的关键因素。所以，要全面推动传统节庆活动和乡村旅游的结合开展，一定要发挥政府部门的主导作用，从政策、资金、技术等多方面入手，建立专门机构处理好各种利益相关者的问题，带动村民参与乡村旅游的开发，使村民成为乡村旅游的管理者、乡村旅游服务者和民俗节庆活动的参与者、表演者，让村民能加入完整的乡村旅游体系中，推动乡村民族节庆活动的传承与保护。

5. 加强对乡村旅游节庆活动的推广力度

具备完备的设施、较多人气的传统节庆活动的乡村旅游目的地必将具有更多的吸引力。应以适应游客对旅游舒适度要求为指向，同时关注移动互联网信息技术的发展趋势，结合线上线下旅游服务商，采用“线上＋线下＋体验”三合一乡村旅游节庆活动的推广方式，把乡村旅游节庆活动全面介绍给游客。要进一步加强对乡村旅游民俗节庆活动的政策扶持和宣传力度，通过搭平台、建制度、构渠道、造活动、搞项目、抓载体等各种方式，培植富有当地特色的传统节庆活动，努力做大做强乡村旅游。

五、乡村旅游传统体育产品创新发展

乡村传统体育是乡村优秀传统文化的集合体，很多乡村体育项目都是集休闲、健身、竞技于一体的活动，如龙舟比赛、赛马、摔跤、斗牛、斗鸟、射弩等。

（一）乡村旅游传统体育产品特点

1. 多样性

乡村传统体育项目形式多种多样，除了龙舟比赛、独竹漂、赛马、摔跤、斗牛、斗鸟、射弩等常见的乡村传统体育活动外，为了满足游客求异、求新、求乐的心理需求，许多体育活动融入乡村旅游当中，成为展现民俗风情不可缺少的一部分，例如，中国苗族独木节上的龙舟竞渡，包含了“龙树砍伐”“龙船”的制作、下水、比赛等；在登岸等庄重的仪式中，桡手们戴着金银缎带，头戴竹编、马尾编织的斗笠，在歌舞达到高潮时，由鼓头主持盛大的龙舟启航仪式，给人以强烈的视觉冲击力和丰富的联想。

2. 现代性

随着社会的进步和发展，乡村传统体育已不再是纯粹的体育活动，而是将体育活动与乡村文化、乡村旅游等活动融合在一起，得到了进一步的传承与发展，而且在活动中融入了更多的现代元素。比如，云南的大象表演活动在旅游景区、节日庆祝等场合广泛开展，已成为特有的民族体育项目内容。

3. 大众参与性

乡村传统体育已融入民众日常生活中，成为一种集体性、模式化、传统性、生活化的体育活动。同时乡村传统体育项目有很好的体验性，能够吸引游客积极参与其中。

4. 人与动物关系的密切性

农耕文明是乡村地区重要的组成部分，乡村地区对动物的依赖程度比较高，因此，乡村传统体育项目中包含了许多以动物斗赛为主题的活动，主要有斗牛、赛牛、斗鸡、斗鱼等活动。

（二）乡村旅游传统体育文化的创新发展

1. 做好文化与体育的有效融合

乡村传统体育在发展乡村旅游的背景下充分体现了自身的特点，使得乡村旅游具有鲜明的文化特色。要努力打造好各种传统体育文化节事活动，使之形成独具特色的乡村文化旅游产品。

在推广乡村旅游产品的同时应强调原生态传统体育文化在开发乡村旅游中的作用，并关注原生态传统体育文化的传承和乡村环境的保护，培养村民、游客自觉保护意识，实现人文保护和旅游开发的统筹兼顾，避免传统体育文化的过量开发。

2. 转变思路以精品建设为抓手

积极打造以传统文化体育旅游产业为特色的乡村旅游产业，将传统乡村旅游和中国传统体育运动文化相结合，努力提高旅游质量，提高游客重游率。同时要注重传统体育人才队伍建设，并积极做好传统体育文化传播培训工作，让先进的乡村传统体育文化得以很好的弘扬和传播。

第四章　乡村旅游产业创新分析

第一节　乡村旅游产业经营创新

乡村旅游因其内容结构的不断完善，经营管理水平的不断提高，近些年来日益受到各方人士的追捧①。经营创新有助于提升企业竞争力，是企业战略实施的有效手段，其本质是要为客户与企业解决问题②。因此，对乡村旅游进行系统化、全面化的经营模式创新，将有利于探索出乡村旅游发展新的路径。

一、经营创新定义

经营创新即通过新的理念来实施新产品、新渠道、新的商业模式、新的管理方式、新的组织架构等多方面的策略来为客户和企业创造新的价值。

---

① 随着中国经济的不断发展进步，大众需求日益多样化，节假日里开展的乡村旅游活动已经成为许多城市居民周末出行的重要休闲方式。如今的乡村旅游产品在不断升级，乡村旅游的要素也要应市场需求的变化而不断变化，在发展乡村旅游的过程中，适当使用创新策略对于促进其积极健康的发展具有重要的现实意义。对乡村旅游资源进行合理开发，实现乡村旅游产业化，是实施乡村建设的重要内容和重要形式，是进行特色社会主义新农村建设的重要渠道，对推动我国旅游业发展具有重要意义。

② 创新是企业的核心，没有创新企业就失去了核心竞争力。创新是企业家首次向经济引入的新概念，这种概念以前没有从商业的意义上引入到经济中来。1912 年，美国经济学家约瑟夫·A·熊彼得在他的德文著作《经济发展理论》中，首次提出了创新的概念。20 世纪 70—80 年代开始，有关于创新的研究进一步深入，开始形成了系统的理论。20 世纪 90 年代，我国把“创新”一词引入了“科技界”，形成了“知识创新”“科技创新”等各种提法，创新的说法无处不在，逐步发展到社会生活的各个领域。

二、经营管理模式和经营项目现状

（一）现有经营管理模式

目前我国乡村旅游基本上是由农户、当地政府、旅游企业、村集体等不同经营主体组合而成，在企业经营模式与开发模式上有很多相似的地方。由于各地旅游资源的差异和经济水平的不同，所运用的乡村旅游经营模式也不相同，根据地区差异及经营主体参与程度与作用的不同，可以总结为以下几种主要开发模式。

1.“个体农庄”模式

这种模式是以旅游个体户形式出现且相对独立的乡村旅游模式，这种模式的优势在于可以增加产出，将农村目前最缺乏的现代管理、资金、科技引入土地，促使土地升值，使农民获利。农业个体户可以将自己经营的农牧果场进行改造，打造成乡村旅游项目，在旅游设施和接待服务方面建设得相对完善，形成一个规范的旅游景点。个体农庄模式需要吸纳周边大量闲散的劳动力，让他们通过表演、服务、生产、工艺制作等形式加入到乡村旅游服务中来，形成以点带面的发展模式。

2.“农户＋农户”模式

“农户＋农户”属于乡村旅游初级经营模式，在乡村旅游发展初期，农民参与热情不高，大多数农户不信任旅游公司，他们更加信任“示范户”，当“示范户”率先在农村开展乡村旅游经营活动并且取得成功后，其他农户们将在“示范户”的带动下，通过从“示范户”那里获取一定的经验和技术，慢慢地加入到乡村旅游的行列中来。经过一段时间的磨合后，逐步形成“农户＋农户”模式，这种模式投资少且管理水平不高，难以形成规模效应，其优势在于游客付出费用较少，并且能够体验到最真实和原生态的本地文化，因而也成为最受游客欢迎的乡村旅游模式。

3.“公司＋农户”模式

“公司＋农户”旅游发展模式是由社区农民和旅游公司共同进行经营和管理。这种模式充分利用了农村闲散的劳动力，以开发出各类具有本土特色的农事活动。旅游公司介入经营管理可以使农民的接待服务进一步规范化，有利于提高乡村旅游的服务水平，促进乡村旅游的健康有序发展。

4. “政府 + 公司 + 旅游协会 + 旅行社”模式

“政府 + 公司 + 旅游协会 + 旅行社”模式是当前国内比较常见的乡村旅游经营模式。在具体的运营中，政府的重要职责是负责乡村旅游的规划和基础设施建设；旅游企业负责经营管理和商业运作；旅游协会负责组织村民参与地方戏的表演、工艺品制作和餐饮服务等内容；旅行社负责进行市场营销和组织客源。这种模式有利于充分发挥旅游产业链中各环节的优势，通过合理分配利益，实现乡村旅游业的可持续发展。

（二）常见的经营项目

近些年来随着乡村旅游业不断发展壮大，乡村旅游项目投资也成为广大投资者追逐的热点。依托农业资源可开展的乡村旅游项目种类繁多，主要有以下几种常见的经营项目。

1. 观光花园

这类项目主要是利用大型的花卉生产基地，将观花赏花、园艺习作为主题，为游客提供观花、赏花、买花、园艺习作、插花技艺等旅游活动的场所。花卉生产基地与旅游业有天然耦合关系，能够塑造乡村旅游形象，是发展乡村观光旅游的本底性资源。

2. 观光牧场

这类项目主要为两个发展方向：一类是饲养家禽、家畜，如牛、马、羊等，开发其功能，可以让游客全方位、多层次参与，让游客体验饲养、剪毛、品尝、羊毛制品制作、拍摄等；另一类是让游客参观牧场先进的饲养技术、管理方法和设施设备，形成融观光、参与、娱乐、品尝、培养、咨询、购物、科研等功能的一条龙旅游服务。

3. 观光渔村

这类项目主要以参与为主，如规划地周围有大面积的水域和传统渔业，在恢复传统渔业生产风貌的基础上，也可以进行艺术加工使得渔村更具吸引力。将养殖设施改造升级与实施乡村振兴战略相结合，发展休闲渔业，沿海多个渔村可以进行合作，共同打造海上田园综合体。

4. 乡村公园

这类项目可以利用乡村资源优势，将区位条件好、地形多变、山峦起伏、溪流交错、森林茂密、景色秀丽、环境优良、气候舒适的大面积森林开发成森林公园，给人们提供一个回归自然、休闲、度假、避暑、科学考察的理想场所。

此外还有农业生态旅游、乡村休闲旅游、乡村度假旅游等经营项目。

三、农村新兴产业和新兴业态

产业振兴是乡村振兴的基础。近些年来，农村产业不断呈现出良好的发展势头，各地乡村以实现农业农村现代化为发展总目标，以农业供给侧结构性改革为发展主线，将农村一二三产业有机融合，以农民为主体，依托农业农村资源，充分挖掘农业农村多种功能，催生出了很多农村新兴产业和新兴业态。

（一）六大新兴产业

1. 现代特色农业

我国特色农业类型主要有彩色农业、立体农业、鱼菜共生农业、观光农业、互联网农业、精准农业、设施农业、工厂化农业、坝子农业、基塘农业十种类型。特色农业的关键点在于“特”，现代农业不同于传统农业产业化，而是应以智慧经济为主导，以大健康产业为核心的自动化、艺术化、个性化、生态化、精准化和规模化为一体的智慧农业。

2. 农业生产性服务业

农业生产性服务业是现代农业产业体系的重要组成部分，是发展现代农业与推进农业发展方式转变的重要一环，进一步增强生产性服务业能够对现代农业的全产业链起到重要的支撑作用，将农业生产性服务业服务结构合理化、提升专业水平、增强服务能力、规范服务行为，将有助于推动其健康发展，对于更好地构建现代农业产业体系、生产体系、经营体系具有重要意义。

3. 农村生活性服务业

近些年来，服务消费的不断升级促进我国农村生活性服务业蓬勃发展。服务消费是推动居民消费持续升级的重要力量，大力发展农村生活性服务业有利于推动乡村旅游开发、美丽乡村的建设和乡村扶贫开发。创新农村生活服务业态，加快重点领域和行业发展，有利于增强农村生活性服务业发展的动力，带动农村生活性服务业全面发展。

4. 乡村传统特色产业

我国有众多的少数民族，其生活聚居的区域既有悠久的历史，又有赋有地域特色的传统产业，这些传统特色产业蕴含着丰富的民族文化，有着独特的产业价值。发展乡村特色产业，进行产业结构的科学布局能发挥当地特色产业的集聚效应。绿色生态是发展乡村传统特色产业的最大优势，在发展过程中要将绿色发展理念始终贯穿于始终，确保生态资源的独特价值得以充分发挥。

5. 农产品加工业

农产品加工业在农业农村现代化中居于重要地位，是乡村旅游产业的骨干组成部分。实现农业农村现代化，农产品加工业是其重要标志，在实现农业的转型升级中，农产品加工业发挥着举足轻重的作用。农产品加工业是乡村产业中体量最大、关联度最高、农民受益最广的产业。因此，农产品加工业也是乡村产业中发展中潜力最大的。

6. 休闲农业和乡村旅游

休闲农业和乡村旅游是当今旅游业发展的方向之一，具有广阔的发展空间和强大的生命力。发展休闲农业是乡村振兴的重要一环，也是实现农业供给侧结构性改革的重要抓手，通过发展休闲农业调整农村经济结构，有利于进一步拓展农业发展空间，为农民增加收入，将乡村振兴落在实处。发展乡村旅游，可以充分利用农村旅游资源，弘扬和传承优秀的传统文化，拓宽农业功能，延长农业产业链。

（二）新兴业态

1. 种植 + 农产品基地

通过功能拓展融合、新技术渗透融合、复合型融合、产业延伸融合等方式有计划地推进“种植 +”模式，大规模发展农业领域，通过农产品种植和农产品深加工，制成相应的农副产品。

2. 农业 + 加工流通

通过发展农产品并进行加工流通，以加快延伸产业链，健全价值链。积极引导农产品加工企业向优势产区、主产区、产业园区集中，在具有优势农产品基地打造农产品加工产业集群，进一步催生出直供直销类外部延伸型企业，提升农产品的质量品牌，进行加工包装的二次增值和物流销售的三次增值，实现农产品的价值链提升。

3. 农业 + 文化旅游

依托乡村资源优势，发展乡村旅游，利用"旅游 +""生态 +"等模式，推动农业和林业与文化、旅游、教育等产业的融合，不断丰富乡村休闲旅游产品和业态，促进乡村休闲旅游业的发展，使其成为具有当地资源优势和文化特色的乡村名片。

4. 农业 + 信息化

通过搭建政府、企业、协会、商会等多层次的合作电商平台，探索出多种形式的合作共赢模式，借助于农产品批发市场、电子商务批发零售以及农产品的品牌优势，完善农产品生鲜供应链，围绕农业"新六产"、农产品深加工、现代农业园区等领域，发展绿色农业、智慧农业和品牌农业。

四、新兴产业和新兴业态对乡村旅游业经营模式的影响

近年来，农产品深加工、乡村旅游、休闲农业、农村电商等农村新兴产业和新兴业态的迅速崛起，正在成为农村经济发展的新生力量。众多大学生、退役军人、农民工纷纷回村创业，这批人将为发展乡村旅游业注入活力。农村新兴产业和新兴业态顺势而发，乡村旅游呈现出技术手段信息化、服务对象市民化、资源基础乡村化、发展模式多样化等特征。农村新兴产业和新兴业态对乡村旅游经营模式的影响呈现双面性的特点，既为乡村旅游业的发展带来机遇，同时也带来一定程度的挑战。

积极作用主要体现在：一是促进乡村旅游经营模式向多样化方向发展。随着农村新兴产业的日益丰富，游客的需求也日趋多样化，乡村旅游业要在保留原有经营模式的基础上，逐渐转变为以游客的需求为导向，以节约资源和低碳

环保为新兴产业的主要发展方向，进行多样化的旅游经营模式创新，以更好地满足游客个性化的需求。二是农村新兴产业和新兴业态应与高科技相结合。新兴产业发展的每一个阶段都离不开技术创新，高新技术成为促进旅游业发展的主要动因，农村新兴产业和新兴业态的发展体现了科学技术在这个领域的新突破，运用高科技手段能有效提高乡村旅游的吸引力，在赋有高科技含量农业新兴产业的带动下，乡村旅游业发展将更有内涵。

冲击作用体现在：一是农村旅游业经营模式有革新压力。迎合时代潮流，农村催生出许多新兴产业，这些新兴产业具有科技含量高、环境污染小、资源消耗低的特点，无论从生态的角度还是经济效益上来说都有产业优势。在新兴产业的冲击下旅游业也要进行经营模式的转变，如果旅游业经营模式不重视创新和科学管理的话，也将会使旅游产品缺少吸引力。二是在农村新兴产业的拉动下，旅游业经营模式存在竞争压力和经济压力。农村新兴产业符合时代发展潮流，是产学研高度融合的产业，突破了原有的技术体系，客观上提高了农村经济的整体效率。而旅游业在经营中因为缺少地方特色，有些地方没有准确的市场定位，因此在新兴产业的冲击下越发缺少竞争优势。农村新兴产业有良好的政策导向，将成为农村经济新的增长点，而旅游业必须吸收广泛的资金支持才能够形成竞争优势。

新农村建设让如今的农村面貌发生了翻天覆地的变化，当前的农业模式已经不仅仅停留在原来的农耕方式，而是显现出来更多的致富商机。未来发展乡村旅游可以考虑利用这些新兴的农业模式进一步改变农村现状，如定制农业、共享农业、认养农业和创意农业，这些新兴的农业模式将为乡村旅游在旅游产品的设计上注入更多的创意元素。移动互联网时代为农产品的营销赋予了新的消费主张，农业发展也应赶上时代潮流，顺应时代做出改变，积极培育农村新兴产业，转变农村经济发展方式，推进农村产业结构调整，准确定位适宜乡村旅游实际的经营模式。

第二节　乡村旅游产业营销创新

一、营销创新定义

所谓营销创新就是根据营销环境的变化情况，结合企业自身的资源条件和经营实力[①]，发现营销要素在某一方面或某一系列的突破或变革的过程。

二、乡村旅游产业市场营销现状

近些年来，乡村旅游异军突起，已经成为旅游市场的重要组成部分。2020年中国乡村旅游主要内容分别是：文化体验占比54.7%，亲子互动乡村旅游占比21.1%，乡村旅游体育活动占比15.5%。2021年中国乡村游客规模为86654万人次，同比增长55.5%。在2022年清明节3天假期里，国内旅游出行人次7541.9万，主要以本地休闲和短途旅行为主。

（一）乡村旅游新型营销模式

1. 网络营销

互联网时代的发展趋势下，乡村旅游的营销模式也发生了根本性的变化，新型的网络营销是乡村旅游进行推广必不可少的重要手段之一，游客在出行前会在网络上进行相关景点和旅游线路的搜索，然后根据查找信息进行严谨对比，从而做出选择。网络上的推广形式有微信营销、微博营销、各类门户网站、弹窗广告等，这些平台推送内容对于游客出行影响较大，因此乡村旅游企业应该重视这些网络营销形式。

① 营销创新是企业在竞争中生存与发展的必要手段，同时也是我国企业与国际竞争环境接轨的必然结果，营销创新对于企业营销业态的健康、有序、可持续发展，有着极其重要的价值和意义。乡村旅游合理地进行营销创新，将有效改善乡村旅游现状，破解乡村旅游业面临的瓶颈问题，将有助于提高产业整体竞争力，对其实现行业的可持续发展具有重要推动作用。

2. 口碑营销

口碑营销指的是游客在旅游活动结束以后，对其产品和服务所做出的各种评价，并向潜在游客进行传播的过程。不同于一般的产品，游客在出行前大都会参照其他人的评价，获取信息的主要渠道是通过观看网络平台的评价和询问亲朋好友的感受。因此，乡村旅游企业应该意识到口碑营销的重要作用，营造积极正面的口碑能有效提升企业的品牌形象，这样才会让美丽乡村更具有吸引力。

3. 活动营销

一般来说，每个乡村都会有自己的特色和优势，也都会有一些具有本土特点的民俗文化活动。乡村旅游企业可以将这些文化活动资源进行包装，用丰富多样的形式进行展示，每年定期举办传统民俗文化节，通过宣传海报、发放邀请函和网络推广等形式，吸引更多的游客前来参加。

4. 体验式营销

乡村旅游本质就是让游客获取不一样的旅游体验，让城里人从繁忙的工作和生活中暂时抽身，给他们一个了解乡村、体验乡村民俗文化的舞台。在注重用户体验的时代，乡村旅游企业应该注重加强乡村旅游体验，更多地提升乡村旅游产品品质，满足游客个性化、情感化的需求。乡村旅游产业的经营者必须强化体验营销的理念，并将其融入乡村旅游产品的开发和设计中，这样更能增强乡村旅游产品的吸引力。

（二）乡村旅游营销中存在的问题

近些年，随着我国旅游业不断发展，旅游市场规模不断扩大，游客需求出现不断升级和选择日益多样化的趋势，旅游市场呈现出更加专业化的分工，各地纷纷进行各种形式的旅游开发。旅游企业为了吸引游客，极力地利用自身优势加大宣传力度，形成激烈的旅游市场竞争态势。但纵观国内乡村旅游市场，我国乡村旅游产业在营销方式和营销策略上仍存在诸多问题。

1. 营销观念不强

乡村旅游景区景点大多数仍停留在推销阶段，营销理念尚未完全形成。造成这种状况的原因：一是国内乡村旅游的经营者主要以个体农户为主，这类人员往往不具有销售意识；二是一些乡村地区的农户大都是在当地政府部门政策引领，和引进外来经营者的示范作用带动下，开始进行乡村旅游产品的经营，由于经验不足，在推销手段和技巧上仍有所欠缺。

2. 低价是主要竞争手段

在知名度和资金实力方面，我国的乡村旅游相对于起步较早较为成熟的旅游景点景区来说仍处于劣势，选址大多在城市周边或是著名景区附近，游客主要来源于以家庭为单位的散客，这类游客主要的出行时间在周末或者节假日居多。他们需求弹性大，对价格较为关注，针对这类游客的消费特点大多数乡村旅游景点仍将低价作为主要竞争策略。

3. 缺乏整体营销策略规划

在全面实现乡村振兴的战略背景下，目前各地政府部门比较重视国内乡村旅游活动，但农户作为乡村旅游活动的主要运营者，因为对于市场了解欠缺、忽视市场容量，导致在旅游景点规划上出现重复建设、滥搭乱建、盲目效仿等现象，总体上缺乏区域市场规划，导致乡村旅游经营没有获得较好的经济收益。目前国内乡村旅游经营者大都各自为营，鲜有行之有效的营销策略，未形成区域乡村旅游整体市场营销合力。

三、乡村旅游产业市场营销创新路径

（一）革新营销观念

乡村旅游的经营者和从业人员大多为本地农民，他们多数人没有经过专业的旅游培训，因而导致营销观念落后、营销手段单一的情况。进行乡村旅游市场营销之前必须革新营销理念，改变过去陈旧的观念，才能适应游客不断升级的旅游需求。乡村旅游产业的开发应在原有市场营销模式上有所突破和创新，从过去单一的营销模式转变为多样化的营销模式，这样才能顺应旅游市场的发展变化。具体可以从以下几方面入手：一是打“亲情牌”，通过农家乐的形式拉近和游客的距离，让游客感觉到温暖，与游客建立一种新型的亲情关系。二是走文化旅游的路线，在产品的营销策划中加入更多的文化内涵，让游客通过参与旅游活动能够获得拓宽视野和开拓知识的机会。三是增强环保意识，在产品设计和开发中将市场需求和绿色环保有机结合起来，既符合时代潮流，同时又能够满足游客绿色出行的心理需求。

（二）创新乡村旅游产品

“土味”是乡村旅游的特色，越是具有地域特色的旅游产品越具有吸引力，应在旅游产品的设计中更多融入地方民俗、家乡菜系和农事活动等元素，在内容和形式上都要有所创新。依托本地农业资源，以市场需求为导向，适当利用高科技手段，对乡村旅游产品进行重新设计和组合，深入挖掘其文化内涵，充分利用当地的历史文化遗迹、民间信仰和民俗文化，营造出一种乡村旅游的文化氛围。

树立品牌意识，重视乡村旅游产品的品牌建设，旅游市场的竞争本质是品牌的竞争，品牌形象好的旅游产品更具有吸引力。在产品的设计上可以适度超前，做到“人无我有，人有我优，人优我特，人特我精”，既要保持住自身的风格特色，同时还要在科学发展观的引领下，深入研究游客的消费心理和需求特点，探索乡村旅游的发展规律，进行大胆创新，勇于突破，引领乡村旅游发展的潮流。

（三）采用多渠道营销手段

一是利用网络新媒体营销。这种营销方式相比传统营销方式而言更具有优势，新媒体营销能够为乡村旅游企业有效降低营销成本，而且能够更好地提高营销效果。在具体的营销方案设计中，首先要围绕所营销的旅游产品策划营销主题，其次围绕主题内容进行营销方式的设计，再次不断地丰富营销内容，最后整合多种新媒体营销渠道。利用网络营销手段能够更好地与消费者进行交流，了解消费者的需求，从而开发出满足消费者需求的旅游产品。

二是借助口碑营销。乡村旅游产品具有空间不可转移性、所有权不可转让性、生产和消费时空统一性等特点，在促销和营销上存在一定局限性。游客往往对预购买的旅游产品怀有较高的风险预期，为了降低出行风险，出行之前会通过多种渠道提前获取旅游产品相关信息。据调查分析，旅游口碑是大多数游客出行前获得参考信息的重要来源，因此，旅游企业可以有效利用多种手段，引导游客给予企业产品以及企业形象进行正面评价和交流，从而激发游客主动向周边人介绍和推荐该旅游产品，为企业产品建立良好的口碑。

三是进行绿色营销。随着人们环境意识的不断增强，游客越来越重视旅游环境的质量，绿色需求将成为游客出行的重要需求，崇尚健康、追求自然将成为旅游市场需求的主流。旅游企业进行绿色营销首先要进行旅游环境分析，其次选择绿色目标市场，最后建立行之有效的绿色营销系统设计。结合旅游产品特性，在设计、生产和销售的整个营销过程中都要融入绿色营销理念，绿色营销既有利于环境保护，同时还有利于旅游业的可持续发展，是符合人类长远需求的营销理念。

四是利用影视进行营销。近些年来，影视业成为现代媒体的主导产业，随着某影视剧的热播，该剧的拍摄场地也将成为游客追逐的热门旅游目的地，影视营销作为乡村旅游一种重要的营销手段日益被人们所关注。对于乡村旅游而言，不可能投入大量资金在电视剧和电影中做广告宣传，因此，如果影视剧或者电影中的场景选在某乡村旅游景区进行拍摄的话，也能够让乡村旅游资源引起游客的关注，从而引发旅游的热潮。

第三节　乡村旅游产业产品创新

一、产品创新定义

产品创新是指改善或创造产品，进一步满足顾客需求或开辟新的市场。随着人们消费水平的不断升级，游客的个性化需求日益凸显，国家相关政策的出台，乡村旅游的升级已是必然趋势。我们经常看到这样的情况：在城市的周边有大量的农家院，明明基础设施一般，提供的服务项目也很单一，但是每逢周末依然是异常火爆，这说明乡村旅游很有市场发展空间。而随着产业结构的调整和企业转型的叠加效应，未来涌入乡村旅游市场的资本与开发主体也将越来越多，市场竞争将愈发激烈。作为乡村旅游的开发与运营主体要想在未来立于不败之地，在众多产品中脱颖而出，乡村旅游产品的创新是关键。

二、乡村旅游特色产品设计推广技巧

在乡村旅游产业兴建之初首先要有明确的市场定位，要非常明确该产业将以什么样的资源或者文化来打造主题产品，明确目标人群消费需求和具体营销推广手段。

（一）乡村旅游特色产品设计理念

1. 根据目标人群需求打造乡村旅游特色产品

乡村旅游景区只有围绕目标消费群体的需求，才能够将打造出来的旅游产品转化为经济收益。如可以开发出受小朋友欢迎的亲子游乐活动，这样的乡村旅游产品既能够增强对孩子的吸引力，同时还能够让家长和孩子们在参与的过程中增进感情。因此，在产品的设计中要充满童真和童趣，同时还要体现出互动和交流的特征。

2. 开发出能够满足游客个性化和阶段性需求的旅游产品

开发的乡村旅游产品需要将主题内涵贯穿其中，如特色餐饮产品、特色旅游产品、特色民俗文化等，同时还要体现出季节性和阶段性的特点，如春季观花产品、夏季戏水产品、秋季采摘产品和冬季滑雪产品等，所开发的产品都是围绕某一主题设计的一系列衍生品。

3. 开发出乡村旅游特色节事活动

结合当地民俗特色，打造具有本地特色的节事活动，如少数民族婚俗、节庆等，不同地域、不同民俗、不同文化具有当地特色，开发出来的节事活动也更能够激发游客参与的欲望。

4. 打造差异化乡村旅游特色产品

通过对乡村旅游产品差异化的打造，可以有效整合区域内其他特色优势资源，如山水景区内的特色美食街、民宿或者度假村，历史文化型景区内部的特色旅游纪念品等。

（二）乡村旅游特色产品的创意设计

景观创意。从地理风貌中可以得到观赏四季分明的山色、观看农村田园风光和自然山水等创意；从物候观光进行早观日出、晚观霞，晨看浓雾、夜听风；

春看山花烂漫，夏赏风雨彩虹，秋品山村秋色，冬眺千里冰封、万里雪飘等创意设计；还可以从参观古迹风光和农作物田园景观等进行创意设计。

游乐创意。根据不同的目标群体进行符合其需求的娱乐活动产品创意设计，如体育休闲、科普教育、亲子活动、养生养老等。

美食创意。体现出与城市美食的差异性，结合当地资源条件，开发出创意新菜品，如特色菜、养生菜、自助厨房和烧烤等。

住宿创意。主要创意内容可以围绕宾馆、别墅、小木屋、房车等进行。

农产品加工创意。围绕生鲜产品，如肉类、粮油、蔬菜和水果等，进行粗加工产品、特殊加工的熟制品、深加工产品等创意加工。

体验活动创意。活动创意内容可以围绕农事活动体验进行，举办以农事活动为主题的生产竞赛活动和农产品交易活动。

文化产品创意。将文化融入创意的旅游产品中，主要体现形式有乡村民俗文化节、农耕文化节、农艺展示园、民俗活动演示及婚庆活动等。

（三）乡村旅游产品的开发与推广

1. 做强做大品牌

树立企业正面形象，通过完善企业 logo、宣传片、各类简介、活动主题图片、户外广告等手段做好企业宣传推广的基础工作。

2. 做好对外宣传

完善企业宣传平台、网络宣传平台的软硬件工作，利用网络和相关媒体做好企业的宣传推广工作。

3. 做细标识牌

在旅游景区的重点位置做好主流导航系统的定位指引，在交通路段做好指示标牌。

4. 做精专业推广

根据目标人群的出行和消费特点选择适合的宣传方式和宣传渠道，如软文营销推广、微信营销推广、室内外广告等。

5. 做实精准营销

与相关旅游企业建立合作关系，利用旅游企业打通销售渠道，确定长期合作和让利策略。根据产品特征进行精准营销，如开拓符合中小学生团体、大中型企业团体、自驾俱乐部、同学会、战友会、车友会等细分团体需求产品的直销形式。

6. 做全员服务

除现场收费服务外，还要与各大电商平台建立产品分销，完善线上购买、线下消费的完整体系。

三、乡村旅游产品的创新模式

（一）街道庭院 + 五谷杂粮创意化设计

深入挖掘当地农业产业特色，结合地域文化和人民生活习俗的特点，对村庄道路进行美化设计，积极打造乡村“美丽庭院”；对乡村庭院进行整体布局和区域功能划分，对各类常绿植物和花卉进行合理搭配，做到一年四季均有景；在村庄的景观打造中将五谷杂粮作为重要创意元素，在文化生活的设计上可以加入当地特色民俗活动，如传统戏曲、舞蹈、民俗技艺等内容。

（二）民俗文化 + 情景化体验设计

根据当地传统的乡村民俗文化，整理出最有特色的传统劳作作坊进行情景再现，以还原当时的劳动状态，如打造原始酒坊、磨坊、染坊等。这样的情景设计可以充分调动游客的味觉、嗅觉、听觉、视觉全方位的参与和体验，强化互动性、参与性和趣味性，让游客在参与中深刻理解旅游地的文化和内涵。

（三）生态农业 + 主题休闲度假庄园 / 民宿设计

葡萄、中草药、蓝莓等都是具有养生价值的农业资源，对于拥有这类特色化农业种植产业的地区，有效利用其养生保健疗养作用，依托地域内的美食、文化、特色运动娱乐等资源，打造成集休闲运动、文化展示、创意体验、田园度假、生产销售为一体的主题人文生态农业休闲度假庄园或民宿。

（四）花卉种植 + 衍生相关产品设计

花卉产业在乡村旅游开发上一直发挥着重要作用，植被本身既具有高附加值，又可以形成一道亮丽的风景线，因此花卉种植基地还可以作为“花文化”的孵化基地从文化层面进行产品的设计，如与婚庆产业相结合建立花卉婚庆产业园区、与康养产业相结合打造生态休闲旅游项目基地、构建以赏花为主题的观光旅游产品体系等。

（五）森林旅游 + 绿色生态活动设计

对于乡村森林资源的开发，可以从树顶、树中和树下三个维度进行开发，根据树顶特点可以开发度假木屋、瑜伽健身台、观光餐厅等项目；根据树中的特点可以打造适合儿童、团队的藤索、空中吊桥、栈道等各种体能拓展运动，以满足其观光和进行体能训练的健身需求；结合树下特点可以打造度假帐篷营地、森林氧吧、树下采摘等项目。

（六）牧场 + 观光 + 体验设计

作为农业产业重要组成部分的养殖产业，可以依托牧场、养殖基地等资源，开展狩猎和可供游客参与牧场的农事活动，如捡鸡鸭鹅蛋、挖山野菜、喂家养小动物等，游客通过参与活动既能够收获劳动的成果，同时还能够体验舌尖的美味。游客能将山野菜和肉类就地交由餐厅进行定制化烹饪，也可以将农产品加工成具备自己创意的特色旅游纪念品。另外，牧场所具有的特色景观、特色民俗、特色民居也是吸引游客的重要资源，可以利用资源优势进行草地摩托车、越野车、卡丁车等户外运动的开发，结合牧场特色开展科普教育形式的活动。

（七）瓜果种植 + 采摘设计

作为乡村主导产业之一的瓜果业，一直是乡村旅游的支柱产业，不同地域都拥有各具地方特色的瓜果品种，这也成为吸引游客到访的重要资源。在这类产品的开发中：一是要在保留原有的传统特色项目的基础上进行产业结构调整，充分利用科技手段，进一步提升瓜果种植技术，利用先进科技手段实现大棚内四季瓜果采摘游乐；二是以果实、果树、花朵为原型对瓜果进行创意化设计，形成各种创意景观和项目。

（八）渔业文化体验 + 特色住宿设计

渔业水产养殖是乡村产业中常见的产业资源，具备此类资源的乡村可以利用渔业水产养殖进行相应旅游产品的开发，如可以在保留传统垂钓娱乐项目的基础上，进行多样化活动设计，将鱼的开发利用做到极致；同时引入其他水上项目的游乐方式，让游客体验渔业文化、特色住宿、科普教育和特色美食，从而构筑一个具有地方渔业特色的休闲游乐式综合体。

第四节　乡村旅游产业规划创新

一、乡村旅游规划的理念

党的十九大提出了乡村振兴战略的新要求，给乡村发展民宿、农家乐、共享农庄、休闲农庄、田园综合体等多种模式的休闲农业产业发展带来了新的机遇。党的二十大报告提出“全面推进乡村振兴”，并做出重要部署。休闲农业产业要想发展，必须从规划理念上进行创新与突破。乡村旅游规划是旅游规划的一种，从旅游资源的角度出发，以村落、郊野、田园等环境为依托，通过对资源的分析、对比，形成一种具有特色的发展方向。

（一）围绕主题进行产业整合

美丽乡村的休闲产品，需要有自身鲜明的主题，在此基础上进行树立和创新。规划重点是根据客户的整体需求，将原有狭小的民宿、餐饮、观光、纪念商品等市场进行重塑，依托其突出的特色组织各种农业休闲旅游活动。

（二）以产业发展带动休闲旅游，实现农民增收

发展美丽乡村的愿景是从产业发展入手，最后落脚到农民增收上来，兼顾大多数人的利益，这样才会吸纳更多的农户参与进来。通过休闲产品创意设计，增加和拓展供给需求，带动产业进一步发展，实现超越现有需求。

（三）文化先行，产品紧跟，策略次序要正确

在文化产业的发展上，应进行资源优化整合，实现服务结构优化、业务模式创新，培育文化融合新业态。如乡村旅游的“生态＋新业态”，在乡村旅游节上，加入农事体验、民俗节庆、异地旅居、生态休闲、康体运动等旅游新业态的内容，既让参观者开阔了眼界也增强了体验感。针对消费者喜闻乐见的文化形式可以创造出新的服务形式，进一步进行市场细分，充分运用文化创意手段和科技手段，大力发展乡村文化产业新业态。

（四）提高模仿障碍，适时不断创新

乡村旅游要进行科学规划，引入更多的创意，集思广益，打造更多形式的开放平台。实现创意上的无法复制，不断丰富吸引顾客的产品，实现永续。乡村旅游成功的关键因素是定位要准确，通过创意实现满足游客个性化的需求。

二、乡村旅游规划的六大重点

（一）注重乡村旅游品牌与吸引物塑造

在乡村旅游规划中要着眼于乡村独特的文化、生态、民俗、手艺等资源，找到将乡村资源转化为乡村旅游吸引物的有效路径，将传统村落打造成为乡村遗产活态博物馆、农业公园、乡村度假区或者艺术家村落等多种形态，将传统民居转变为具有吸引力的旅游村，形成独具特色的品牌价值。

（二）修旧如旧，旧物新用

将可用的乡村闲置资源在保持原汁原味的基础上加以创新利用，加入设计元素、微调空间、整理风貌，将原有功能进行再造，将乡村闲置的农舍打造成具有吸引力的时尚文化民宿、民俗风情博物馆、主题咖啡厅等旅游接待设施。

（三）吸收乡村生活文化，打造特色旅游活动策划

在乡村旅游的规划中要遵循“生活即体验、生活即旅游”的设计理念，强调游客的参与性，将乡村百姓的生产生活加以创意设计，转变为可以让游客参与体验的旅游活动，让游客在参与体验农家生活中获得乐趣。

（四）依托传统农业的乡村休闲创意产业体系构建

乡村旅游就是通过创意开发手段实现对乡村产业体系的重构，将乡村中传统的农牧产业经过创新转变为具有高附加值的休闲农业，如采摘园、休闲农场、手工艺坊等形式，以此实现乡村产业体系的转型升级。

（五）体现地域文化特色的乡土景观营造

乡村旅游规划设计要注重对乡村景观的整理和营造，将乡村生活中常见的植被、老物件、生活用品等，经过一系列创意设计，与城市生活场景形成差异，转变为具有浓郁乡土味的景观小品。

（六）居游共享的公共服务设施体系构建

乡村旅游规划遵循“居游共享”的理念，在公共服务的基础设施规划设计上既要满足百姓日常生活的需要，同时还需要满足广大游客的喜好，并且在设计的尺度、体量、风貌上应与乡村整体环境相协调。

三、乡村旅游五大规划创新模式

（一）景区配套型乡村旅游规划模式

规划实施要点：选择靠近成熟景区或者大旅游项目的地理位置，有较好的基础设施，能够提供餐饮、娱乐和住宿等服务。

可实施乡村旅游规划项目：特色民宿、客栈、主题农家乐等。

（二）休闲化乡村旅游规划模式

规划实施要点：选择生态环境好的城市近郊，周边有农田、山场等自然资源，具备引入一些休闲游乐设施的地理环境，通过创意性的开发手段来打造多元化休闲游憩空间。

可实施乡村旅游规划项目：乡村露营地、户外运动公园、亲子游乐场、休闲农场等。

（三）文化乡居型乡村旅游规划模式

规划实施要点：拥有一定数量闲置且具有开发价值的传统民居，适合进行度假区的改造。建筑本身会讲述乡土历史和文化，将乡村打造成具有乡土特色文化的博物馆，把遗产的保护和文化的传承结合起来。

可实施乡村旅游规划项目：乡村度假区、古村镇、传统村落、文化体验区等。

（四）产业化乡村旅游规划模式

规划实施要点：在区域范围内选择有代表性的村子，发展田园、公园、农旅合一的现代农业和田园休闲综合体，进行现代农业的开发。

可实施乡村旅游规划项目：田园综合体、农产品加工示范基地、农业质量品牌推广项目、智慧农业示范区、农业开放合作示范项目、休闲农业综合体等。

（五）生态环境特色的乡村农业旅游规划模式

规划实施要点：将生态资源优势转化为经济优势，建设旅游导向型农业生态示范区，发展生态农业旅游。

可实施乡村旅游规划项目：生态农场、生态农业园区项目、生态循环农业项目、生态农业旅游、乡村康养等乡村农业项目。

下篇

乡村旅游案例解析

案例一　政策引导激发活力 赋能乡村旅游发展动力①

——北京市怀柔区出台办法促进乡村旅游提质升级

为加速推进北京市怀柔区乡村旅游转型升级，实现乡村旅游组织化、信息化、标准化、品牌化、市场化建设目标，2018 年 7 月，北京市怀柔区出台了《怀柔区促进乡村旅游提质升级奖励办法（试行）》（怀政发〔2018〕21 号）。

一、起草背景

多年来北京市怀柔区依托区位和山水自然优势大力发展乡村旅游，截至 2017 年，全区发展乡村旅游村 54 个，乡村旅游接待户 2937 户，其中，星级村 46 个，星级户 1412 户，评定乡村酒店、养生山吧、休闲农庄等乡村旅游新业态 89 家，怀柔区始终位于北京市乡村旅游发展前列。结合“乡村振兴”战略的实施和怀柔区乡村旅游发展实际，为加速推进乡村旅游提质升级，在怀柔区旅游行政部门的主导下，历经半年的时间完成了《怀柔区促进乡村旅游提质升级奖励办法（试行）》（以下简称《奖励办法》）的制定，经过怀柔区政府常务会及区委改革领导小组会议同意后，于 2018 年 7 月 3 日正式印发执行。

二、主要目的

一是有效促进乡村旅游转型升级。《奖励办法》的实施，将促进乡村旅游

---

① 摘自北京市怀柔区人民政府网，个别地方有删改。

发展进一步融入新元素、挖掘新潜力，引进新型经营理念和经营模式，吸引更多的社会资本参与到乡村旅游产业发展中，更大程度地盘活农村闲置资产、资源，提高市场配置效率以推动产业的转型升级，更好地满足游客的高端化、多元化消费需求。

二是助力农村产业发展。《奖励办法》的实施，将进一步拓宽农民增收渠道，促进农业增效和农村经济社会全面发展，更加有效地将农村自然生态优势转化成发展的产业优势，把自然生态资源转化为富民增收的产业资源。

三、主要措施

《奖励办法》共包括四个部分，分别为：政策支持范围及项目、政策支持对象及额度、申报要求及审批流程和附则。主要支持内容包括九项：

一是五星级民俗村奖励支持。经过镇（乡）、村统筹，怀柔区旅游行政管理部门备案，严格按照北京市地方标准《乡村民俗旅游村等级划分与评定》（DB11/T 350—2014）规划建设，并被北京市旅游行业主管部门评定为五星级民俗村，给予村委会一次性奖励 500 万元。

二是民宿旅游评定奖励支持。对满足客房、公共空间、房屋庭院、保温隔音、消防安全相关要求，并按照怀柔区《乡村民宿服务质量等级划分与评定》标准，被旅游行业主管部门评定为金宿级民宿、银宿级民宿的经营单位给予奖励支持。其中，金宿级民宿一次性奖励 12 万元，银宿级民宿一次性奖励 10 万元。

三是民俗户评定奖励支持。对满足客房、房屋庭院、保温隔音、消防安全相关要求，并按照北京市《乡村民俗旅游户等级划分与评定》（DB11/T 350—2014），被北京市、怀柔区旅游行业主管部门评定为四星级民俗户、五星级民俗户的经营单位给予奖励支持。其中，五星级民俗户一次性奖励 10 万元；四星级民俗户一次性奖励 8 万元。对已获得北京市 2016 年民俗旅游奖励资金支持的四、五星级民俗户，满足上述条件，按照申报程序给予一次性奖励 5 万元。

四是乡村酒店项目建设支持。鼓励支持镇（乡）加大招商引资力度，对新建或新改造乡村酒店项目，按照《北京市乡村旅游特色业态标准及评定》乡村酒店（DB11/T 652.4—2009）标准建设，各相关部门依据职责给予支持，促进乡村酒店合法化、规范化发展。

五是新型乡村旅游合作社奖励支持。积极引导跨区域开展经营管理，鼓励开发新型经营模式和新型旅游组织建设。对提供入社成员服务技能培训、市场营销推广、日常经营管理、消耗品集中采购、洗涤配送服务、客源统一分配等相关服务职能的合作社，按照入社成员每户 2000 元标准，给予合作社奖励支持。同时，引导乡村合作社开展统一洗涤配送服务，经过申报批准，对购买洗涤设备及环保设施给予全额补贴；对洗涤配送费用给予 50% 资金补贴。

六是实施规划设计奖励支持。建立怀柔乡村旅游规划设计服务资源库，申请规划设计奖励的民宿、民俗户，原则上要与资源库内设计单位签订合同，并严格按照设计方案建设完成，给予 90% 规划设计费奖励支持，最高不超过 8 万元。在怀柔区全区范围内，每年组织开展乡村旅游经营场所规划设计评选活动，设立金奖 1 名、银奖 2 名、铜奖 10 名，分别给予获奖设计单位或个人 50 万元、30 万元和 10 万元一次性资金奖励。

七是怀柔礼物设计奖励支持。鼓励经营单位和个人研发具有怀柔本土元素的乡村旅游商品，包括但不限于农业有机产品、土特产伴手礼等，每年组织开展“怀柔礼物”评选活动，设立金奖 3 名、银奖 3 名、铜奖 4 名，分别给予获奖单位或个人 10 万元、8 万元和 6 万元一次性资金奖励。

八是乡村旅游餐饮服务奖励支持。鼓励支持乡村旅游餐饮服务竞赛活动，每年开展一次乡村旅游餐饮服务大赛。设立一等奖 5 名、二等奖 10 名、三等奖 15 名，分别给予获奖单位 3 万元、2 万元和 1 万元一次性资金奖励。

九是银行贷款贴息支持。积极引导金融机构，面向民宿、民俗户开展信贷业务，用于乡村旅游提质升级。对贷款额度不超过 50 万元（含）的经营单位，凭银行出具的还款凭证和信用证明，给予 3 年贷款利息补贴。

案例二　发挥示范作用
打造乡村旅游品牌

——内蒙古赤峰市坚持不懈地发展乡村旅游①

内蒙古赤峰市共有旅游特色小镇 9 个、旅游重点村 60 个、乡村旅游金牌农家乐 8 个、乡村旅游接待户 1167 户、实现乡村旅游就业 5 万人；建成全国休闲与乡村旅游示范县 3 个，全国乡村旅游示范点 3 个，其中松山区松枫山庄 2016 年被评为“一带一路中国最美驿站”；喀喇沁旗雷营子村被中央相关部委评为全国文明村、全国美丽休闲乡村、全国生态文化村、全国人居环境保障基本示范村、全国乡村旅游扶贫重点监测村，2019 年成为首批全国乡村旅游重点村。乡村旅游已经成为赤峰市旅游的骨干产品、脱贫攻坚的生力军、乡村振兴的重要抓手。

一、注重示范性和全局性工作推进

2013 年春季，赤峰市旅游行政主管部门会同喀喇沁旗旗委、旗政府，本着有景区依托、有特色产业、有发展积极性的原则，从喀喇沁旗 162 个行政村中选出了雷家营子、马鞍山、田营子、通太沟、牛营子、三家村六个村，作为乡村旅游整村推进的起步村，分别对各村的全体农户进行了培训，制定了整村推进的规划方案。市、旗两级从财政拿出专项资金对接待户的厨改、厕改每户给予 4 万 ~6 万元的补助，并将农口资金和村建、交通等专项资金捆绑使用，专

① 根据赤峰市文化和旅游局《赤峰市乡村旅游工作汇报提纲》（汇报材料，2019年8月14日）整理而成。

项用于乡村道路、停车场、旅游标识等公共服务基础建设。2014 年在通太沟村举办了赤峰市首届乡村旅游节暨“赤峰旅游春来早”通太沟首届梨花节，向全市推广了通太沟的市民认养果业的乡村旅游发展模式。

2016 年，赤峰市政府在雷营子村召开了首次全市乡村旅游工作会议，并出台了《赤峰市人民政府关于促进乡村旅游发展的若干意见》。赤峰市市政府成立了由常务副市长任组长，分管农牧业和旅游的两位副市长任副组长的赤峰市休闲农牧业和乡村旅游发展领导小组，设立了 1000 万元的乡村旅游发展专项基金，印发了《赤峰市 2016—2020 年乡村旅游发展实施方案》。赤峰市旅游行政部门同市扶贫办编制了《赤峰市百村旅游扶贫规划》，制订了《2018—2020 年旅游扶贫工作方案》，同时出台了《乡村旅游重点村建设内容和建设标准》《赤峰市乡村旅游接待村（户）暂行标准》，有力地推动了赤峰市乡村旅游由农家乐向整村推进的转型。

二、注重乡村旅游精品建设

实施一村一品，突出各村历史文化特色和鲜明的产品主题。确定了喀喇沁旗雷营子村为历史文化休闲古村落、马鞍山村为红酒文化小镇、三家村为王府烤肉美食村、美林村为冰雪小镇，宁城县打虎石村为水岸民居特色民居村，阿鲁科尔沁旗汗庭新村为蒙元文化村，红山区二道井子村为老赤峰休闲体验街区等。积极发展游客参与、体验休闲项目，延长游客停留时间，因地制宜地策划采摘园、小型牧场、豆腐坊等农事体验活动项目。

积极培育乡村旅游新业态。推动旅游与现代农牧业深度融合，发展休闲农牧场、休闲庄园和农业主题公园。元宝山区和润农业在设施农业的基础上，增加旅游服务设施和游客参与体验项目，连续五年举办了农业旅游嘉年华，实现年接待游客 40 万人次左右；林西县七合棠村野果采摘节已连续举办 12 届，并成为内蒙古自治区乡村旅游的品牌节庆活动；松山区楚东农业园区、红山区增嘉园、喀喇沁旗龙山采摘园等设施农业成为市民郊游、采摘、体验的新景点。

三、注重带头人的引领作用

在全行业推广景区带贫困村、景村融合发展的做法。喀喇沁旗创新旅游扶贫模式，将美林镇大局子村等13个村的扶贫资金8000万元以成立山戎部落旅游合作社的形式集中用于开发乡村旅游，全体村民入股，合作社确保村民的年收益。

积极引导景区带村。克什克腾旗世界地质公园带动了相关产业的发展，全旗2018年旅游直接就业人数1.9万人，旺季增加就业2万人，占全旗就业人数的三分之一。翁牛特旗玉龙沙湖2013年重新建设运营以来，旅游接待人数和收入年均增长在30%以上，旅游收入由开发前的不足百万元增加到5000万元，带动了周边120多户牧民发展农家乐、牧家乐和沙漠旅游项目，景区辐射的乌丹镇和周边的嘎查村新增旅游床位3000张，为农牧民增收3亿多元。宁城天宇集团整体开发道须沟、紫蒙湖景区，带动了黑里河流域100多户1200多名农民从事农家乐、森林旅游和土特产品销售，2018年为农民增收2000万元。克什克腾旗乌兰布统旅游景区接待游客100万人次，带动了乌兰布统苏木、小红山子乡各村、嘎查形成了以旅游为主产业的旅游村，仅旅游接待户就发展到260户。克什克腾旗达里湖景区带动渔家乐70多户，阿斯哈图石镇景区带动牧民从事“做一天蒙古人”等牧民生产、生活体验的牧家乐50多户。

四、注重融媒体营销的助力作用

加大宣传力度，积极开展特色节庆活动。聘请我国著名赤峰籍影视演员于月仙（《乡村爱情》谢大脚扮演者），为赤峰市乡村旅游形象代言。注重通过官方渠道和微信公众平台宣传赤峰市乡村旅游，2018年《中国旅游报》用整版专题报道了赤峰市乡村旅游工作，原赤峰市旅发委、赤峰市财政局、赤峰广播电视台联合开展了“周末赤峰游 美丽乡村行”系列活动宣传活动，已制作并播出了10期。2018年9月在阿鲁科尔沁旗太平庄村铭欣庄园和蒙古汗廷文化园举办了“赤峰市第二届乡村旅游节暨‘金秋十月’旅游产品发布会”。

案例三　以游客需求为指向 不断创新乡村旅游产品

——江苏省汉王村深耕乡村旅游市场

汉王村位于江苏省徐州市，归属汉王镇政府驻地，位于5A级景区云龙湖风景区内，面积为9.8平方千米。汉王村人口总数为7600人，分为7个自然村，7个村民小组。年人均纯收入为26000元，村民人均从旅游业中获得年收入15700元。汉王村拥有丰富的泉水资源、历史资源、山水资源以及农业资源，其发展定位为生态观光、文化旅游、休闲度假旅游为一体的旅游乡村①。2019年10月，汉王村被列为首批江苏省乡村旅游重点村；2019年11月，汉王村入选“2019年中国美丽休闲乡村”名单；2020年8月26日，汉王村入选第二批全国乡村旅游重点村名单。

一、汉王村乡村旅游发展基本情况

（一）乡村旅游发展规划

根据汉王镇现有资源分布及空间特色，规划形成“两核一带一环六片区”的旅游发展格局：

---

① 近年来，汉王村依托拔剑泉、凤岭山等著名旅游景点，招商引进了月亮湾、圣得户外、荣盛富明、捷部落等公司大力发展特色旅游业。汉王村积极发展现代生态观光农业，包括以蓝莓采摘园、杏采摘园、瑶岗樱园、汉祖园等农业观光、农村生活体验、采摘、果树认养、土地认种等为特色项目的农林生态园；以葡萄、水蜜桃、梨、山楂、草鸡蛋等为特色产品的葡萄采摘长廊。依托两汉文化、竹坡文化、石刻文化、徐式北派少林拳文化、书院文化、竹坡故里、竹坡墓等历史文化旅游资源，打造张伯英书院、竹坡书院等文化旅游项目。不仅带动了汉王村的经济发展，而且解决了村民的就地就业问题。

两核：文化旅游发展核心区和旅游接待体验核心区。

一带：玉带探幽风光带。

一环：全域景观游憩环。

六片区：红色文化教育片区，创业农业发展片区，生态动感欢乐片区，地质科普体验片区以及南北两片生态涵养区。

汉王村根据功能布置了不同主题的景观风貌，其旅游规划以文化旅游发展为核心，以拔剑泉、汉王水库为核心资源，并结合竹坡故里发展以文化为主导的核心片区，拓展开发汉文化旅游资源；以文化体验旅游为主，以现代娱乐的方式调动游客的主观能动性，传播汉文化。具体包括汉文化风情区、玫瑰花矿质温泉疗养区、民俗文化区、现代时尚品质区、彭祖养生体验区。

1. 汉文化风情区

“汉文化”是汉王镇的主题和灵魂，依靠拔剑泉和汉王水库，打造汉文化风情区；为了提升汉王村的旅游知名度，定期举办大型实景演出和舞台演出等活动，让游客欣赏到丰富多彩的文艺演出；在汉代风格商业街里，游客还可以穿汉服、住汉居、品汉菜，体验汉文化的魅力。

2. 民俗文化区

以汉王镇的张伯英书画馆、竹坡故里、汉王镇石刻文化等为依托，打造汉王镇特色民俗文化区，拓展文化产业链条，设置书画广场、古玩市场、艺术品市场、汉画像石研究会、艺术家工作室、特色集市等。

3. 玫瑰花矿质温泉疗养区

挖掘两泉水文化，将拔剑泉的矿质泉水及汉王镇玫瑰花优势资源结合起来，打造区域内独一无二的玫瑰花矿质温泉疗养区。形成玫瑰花、矿泉水、旅游、疗养等主导的文化旅游目的地。

4. 现代时尚品质区

以星级酒店、高端会所、精品生活 SPA、休闲茶座、咖啡馆、私房餐饮、时尚酒吧为主导产品的精致生活品位区。

5. 彭祖养生体验区

以彭祖文化、中医养生为主要功能的小镇服务核心区。

（二）乡村旅游发展现状

近年来，汉王村加快乡村旅游发展，在徐州及周边旅游市场的影响力逐年增加，旅游接待能力持续增强，2020年同比增长28%，这一比例还在呈逐年递增态势，汉王村的经济发展越来越明显地侧重于旅游业，旅游业成为汉王村经济发展的支柱产业。目前已经形成的旅游资源有：紫山村（先后荣获“中国美丽休闲乡村”“江苏省特色田园乡村”“江苏省传统村落”等荣誉）、拔剑泉（县级文保）、马扒泉、汉王庙、群羊坡、张竹坡墓（市级文保）、张伯英书院、竹坡故里、月河湾园区、月亮湾生态园、荣盛农场、蓝莓生态园、瑶岗樱园、汉祖园等。

（三）乡村旅游发展成效

汉王村以乡村旅游发展为目标，努力推动全村旅游工作转型、提质增效，全村旅游业保持健康快速发展态势。

一是旅游经济成效显著，通过培育招商农业观光项目、亲子休闲项目、民宿、农家乐、民俗等企业，直接或间接带动了全村人口就业，同时增加地方税务收入。

二是旅游经济稳中有进，节庆旅游人数持续增长。2020年五一小长假期间，累计接待徐州市民10万人次，同时组织汉王村一日游线路；与此同时，游客旅游消费明显提升，随着供给侧结构性改革的不断进步，汉王村旅游产品供给体系不断完善，进一步刺激了游客的消费需求。

三是乡村旅游长足发展。乡村旅游吸引力不断增加，立足汉王村的自然山水，节庆文化等优势，积极组织开展节庆体验、休闲度假等活动，吸引广大游客前往汉王村来旅游观光和休闲度假；同时积极开展农家乐、民宿等级评定，积极组织人员对汉王村基础条件较好、较为成熟的农家乐等进行踩点勘察，按照徐州市铜山区评定标准进行等级评定。

二、汉王村乡村旅游产品开发概况

（一）观光度假、农事体验、民俗文化、乡村民宿、特色美食和节庆活动开发

汉王村依托自身的生态、历史文化优势，结合乡村旅游的建设，培育和扶持具有地方特色的旅游产品，开拓创新，多措并举，打造乡村旅游项目，取得了一定的成效。

1. 观光度假产品开发

依托汉王村的农业资源，积极发展现代生态观光农业，包括以观光度假、农事体验等为特色项目的农林生态园，目前已建成的农业观光园有杏采摘园、蓝莓采摘园、荣盛农场、瑶岗樱园等。

2. 民俗文化产品开发

当前，传统文化在旅游业中发挥着越来越重要的作用，汉王村的传统文化主要以陶艺、剪纸、旗袍制作等为主，游客可以在游览过程中亲自动手制作，也可以将自己的作品带走。紫山广场一楼展厅展示的具有汉文化特色的汉砖茶承、车马出行图拓片、汉文化茶席定制款、锦灰堆折扇等物品，在让游客感受汉文化的同时，还可以给亲朋带回汉文化纪念品来感受汉文化的厚重。

3. 乡村民宿、特色美食开发

依托汉王镇乡村特色，发展具有文化内涵的乡村风情民宿；引入品牌化酒店入住，打造汉王酒店品牌集群。

以标准化推动餐饮诚信、用餐环境建设，以集聚化发展推动形成餐饮集群，挖掘汉王餐饮文化，塑造餐饮品牌，以品牌化带动汉王村餐饮发展。目前紫山村（属于汉王行政村）是徐州市一流的农家乐示范村，同时具有多个三星级农家乐示范点。

4. 节庆活动开发

每年上半年举办汉王美好生活节，下半年举办丰收节，打造汉王专属的美丽乡村节庆 IP，展示汉王新形象。百度搜索量已累计超过 285 万次，视频观看量超 500 万次，媒体阅读量超 1000 万次。同时在节假日会举办啤酒节、音乐

节、灯光节等传统节庆活动。

（二）旅游产品开发特点

随着汉王村旅游的持续开发，旅游产品也要在全新视角下定位、开发出满足消费者多元化的旅游需求，推动汉王村旅游和经济共同增长。汉王村旅游产品的开发，将传统文化与现代设计相结合，进一步繁荣地方旅游产业。目前开发的旅游产品有特色农产品如葡萄、山楂、蜜桃、杏等；汉文化文创产品如汉砖茶承、锦灰堆折扇、汉文化茶席定制款、车马出行图拓片等；养生产品如祛瘟香囊、养生茶等。

三、汉王村特色民宿建设成果显著

（一）建设数量与布局

自启动民宿旅游建设以来，到目前为止，汉王村已有营业民宿 30 家，200 间客房，350 张床位；民宿拉动农家乐转型升级的同时，汉王村民宿不再满足于小体量、小规模和小收益，在资本的助力下走向精品化，全村民宿旅游建设取得阶段性成果。

紫山村民宿：民宿的整体建筑是由汉王镇紫山村上的老旧民房改造而成，改造之初只是对房屋进行适当的加固，进行漏水、管网处理，保持原建筑风貌，增加空间跨度，弥补了室内空间狭小的弊端，改善空间品质。室内设计以现代简约为主，外立面的改造使用了大面积落地玻璃，庭院内的石材铺装延伸到大厅，大门打开和庭院融为一体，将自然光线引入室内，赋予空间以通透之感，周围种植的葱郁树木也为在茶区的食客提供了惬意风景。民宿的客房均房如其名，被赋予了不同的诗意。

泡泡屋民宿：360° 全方位透明的泡泡屋，可将日出、夕阳、星空都看遍。汉王村的泡泡屋主题民宿吸引了无数人前来打卡，在梦幻一般的星空下美美地睡上一觉，早上唤醒你的不是梦想而是温暖的日光。每晚在这里观看日落，星空晚霞，在泡泡屋里面数星星，在皎洁的月光下悄然入睡。夜色给泡泡屋镀上了一层梦幻的滤镜，而你就在这泡泡屋里面，酝酿你的美梦。

汉王村凤岭山民宿：于 2016 年建立，现已从始建时的 1000 余平方米的院落发展到2800余平方米，房间28间，活动大厅3个，从业人员已从6人发展到22人。运用传统与现代、线上与线下等手段，拉紧与各行业各团体之间的联系，对准中高层次人群，根据各年龄段的需求定制服务项目与内容，突出新媒体、社交工具等互联网的运营应用优势，做强业务能力，拓宽发展思路，集聚理念文化，以此渗透到平时的运营之中，通过探索思考，创新具有汉王特色的民宿模式，把全视野灵活的经营作风融合于民宿运营之中，引进了欧式“轰趴”这一最新流行时尚项目，并不断吸收其中的流行元素和时尚内涵，不断打造个性民宿、混合民宿、多样性民宿。前期着重发展并延伸了聚会、会议、住宿、运动体验、度假、轰趴等项目，近期已拓展到文化领域，利用汉王汉文化的厚重底蕴优势，发展汉服文化和汉民俗文化，举行雅集活动，诗词辞赋、歌舞书画等学作及咏唱表演，吸引了大量文化团体的关注并来此体验消费。又通过传统国学教育兴起，人们对传统文化越来越重视的人文理念，举行了多起具有丰富传统文化仪式感的活动。例如，十岁成长礼、成人礼，举办了多期中小学夏（冬）营和多场非遗传承个人、团体活动，取得了社会效益和经济效益的双丰收。

（二）文化内涵挖掘与创意设计提升

汉王村民宿的打造以挖掘两汉文化和山泉文化为特色，配置与之相对应的文化体验区、汉服体验、徽派民居院落居住体验、文化沙龙、园田美食品尝等。

（三）经营主体、经营模式与管理措施

汉王村民宿经营主体以企业、政府和个体工商户为主；企业采取独立运营模式，租赁村落房屋，进行整体开发；政府主导型，由政府统一引导改造农用房，然后将改造好的房屋进行转租，紫山村民宿便是采取这一经营模式；个体工商户是部分村民依托自家房屋开发民宿，有的是整体房屋经营民宿，有的是村民将部分房间进行出租。

四、汉王村乡村旅游始终把生态环境保护放在第一位

（一）自然生态环境质量

汉王村自然环境良好，生态旅游资源丰富。其境内山脉连绵，全村森林

覆盖率达 60%，荒山绿化率达 98%，大气质量达一级标准，地表水、地下水和土壤等各项生化指标均超过国家环保标准。连续多年空气质量优良天数均在 300 天以上，优良天数比例达 83%，是一个天然大氧吧。拔剑泉和马趴泉至今喷流不息，泉水恒温 16℃，冰雪不封，昼夜流量 3000 立方米以上，超过济南趵突泉。

（二）自然生态环境保护制度、措施、设施建设

汉王村积极开展宣传教育活动，进行生态环境知识的教育，提高村民的环保意识和注重生态环境保护的自觉性；汉王村建立生态环境保护工作岗位责任制，分工明确，确定职责，同时建立定期检查制度，及时发现问题，及时查处、整改；坚持环境保护工作与施工统筹规划，同步运作，合理规划施工用地和施工时间，减少对汉王村自然环境的破坏。

（三）人居环境建设

汉王村把人居环境整治作为乡村振兴的切入点和着力点，借山造势、借水造景，围绕“村美镇靓”，进行“穿衣戴帽”的整体改造，包括墙面涂白、线条美化、马头墙改造、绘制宣传画等；在 2018 年铜山区乡村振兴“百千万”工程中屡创佳绩，在前两批 50 个农村人居环境整治示范村建设中，紫山村包揽第一批第一名，获得了“可以与苏州、无锡媲美”的赞誉。

五、以体制机制建设引领乡村旅游

（一）党组织在乡村旅游发展中发挥作用

发展乡村旅游是实施乡村振兴战略的重要领域，汉王村农村基层党组织的重要工作之一是在深入实施乡村振兴战略背景下，充分发挥党组织的凝聚力，提高农村基层党组织的工作能力和水平，打造出宜居宜游的特色汉王村。党的十九大报告明确把“产业兴旺、生态宜居、乡风文明、治理有效、生活富裕”作为乡村振兴战略的总要求。汉王村农村基层党组织在引领农村产业发展过程中，把着眼点放在乡村旅游上，是新时代实施乡村振兴战略的迫切需要，也是汉王村农村基层党组织在促进乡村旅游高质量发展过程中的坚实基础。

（二）发挥好各类乡村旅游运营主体作用

1. 企业为开发经营主体的模式

月亮湾生态庄园位于汉王村，占地面积约5000亩，是一家以现代农业种植、度假、旅游、观光、户外培训等于一体的国家现代农业示范区，月亮湾生态园的入驻，除了给汉王村带来一些先进的经营管理理念，还带动汉王村的经济收益和声誉的扩大，使得汉王村的乡村旅游走上了生态优先、绿色发展的道路。

2. 政府主导村民参与运营模式

政府对紫山村进行规划编制，对村庄进行人居环境整治，改善旅游的基础设施，通过各级政府的引导，帮助挖掘旅游品牌，增大村民劳动技能、科技能力的培训力度，对当地民居建筑的乡村旅游资源进行保护。

3. 村民自主经营模式

紫山村是徐州市一流的农家乐示范村，同时具有多个三星级农家乐示范点。徐州市政府鼓励村民利用自家院落和田地从事农家乐项目，并给予一部分补贴，有效带动了一些村民自主创业。由于经营者都是当地村民，蔬菜瓜果可以自已种、自己收，既省成本，又绿色天然，展现给旅游者的全都是原汁原味的当地传统文化，最利于保留文化的真实性。

（三）建立利益联结模式

汉王村按照“企业＋农民”“企业＋农民合作社＋农民”“农民合作社＋农民合作社＋农民”等多种形式的运营机制，鼓励引导企业采取合作、租赁等方式，整合农民的土地、房屋等资源，带动农民参与开发和发展规模化、现代化新型农业，促进农民脱贫增收，拉动汉王村社会经济发展。

六、乡村旅游发展带动效益明显

（一）带动村民就业、培训提升和创客返乡创业所采取的措施和成效明显

乡村旅游是汉王村的重点发展产业，对汉王村的经济具有极其重要的作用。近年来，汉王村接待游客人数、旅游综合收入都保持了高速增长态势，带动地方住宿业、餐饮业、交通业、娱乐业、商贸业、零售业等相关产业发展，

从而提升当地经济水平。旅游的发展可以增加区域内的人流、物流、资金和信息流的流动，旅游业的发展需要投入大量的人力。因此，发展旅游业能为社会提供和创造大量的就业机会，解决居民就业问题。

一是多措施吸引人才资金。鼓励各类专业技术人员到村挂职、兼职，大中专高校毕业生、技术人才来村创业，发展一支懂经营、出得去的农村经纪人队伍，健全农业科技服务体系网络。支持和引导外出务工人员、鼓励退役军人、“乡贤”等返乡自主创业，积极参与投资休闲农业、特色民宿和农家乐、康养、旅游等新业态。加大农业招商引资力度，吸引工商资本有序进入农业农村，畅通融资渠道，解决农业融资难、融资贵等问题。

二是多措施优化投资环境。进一步加强招商力量，增强力量配备。激励汉王村各单位负责人和社会各类能人全员招商参与，制定招商引才目标和任务。进一步提升美丽环境，增强环境的吸引力。进一步完善“三库一中心”建设，巩固招商引资的阵地建设。全面梳理村域人才、闲置资产资源和闲置民房，建立人才库、项目库、民房库；进一步提升服务质量，增强招引客商的满意度。

三是多措施加强政策支持。主要表现为：①实施下乡人才激励奖补政策。对符合要求的全日制普通高校大专及以上学历毕业生和高技能人才到农村创业就业，按照文件规定，给予公共租赁住房、购房、生活、租房、交通及专项补贴等。②提高政治待遇。突出从农村工作一线发展党员，每年新发展党员中，村后备干部、新型职业农民、返乡农民工、个体经营者、私营企业从业者占比达到30%。③开展“十佳”评选活动。每年评选“十佳农业科技服务人才”“十佳返乡创业能人”“十佳农业新型经营主体”，对获奖的人才、能人及经营主体颁发荣誉证书，按照相关政策，优先给予评先评优和项目扶持。④鼓励支持利用空闲农房发展民宿。对综合利用一个自然村空闲农房达10户以上或客房床位达20个以上、协议期在5年以上统一管理的经营者，按每个床位1000元给予一次性奖补。⑤支持发展休闲观光农业。在符合休闲观光农业规划及相关政策的前提下，对利用农业生产条件和闲置资源发展休闲观光农业，被评为全国休闲农业与乡村旅游精品三星、四星、五星级的园区（企业），分别一次性给予5万元、20万元、50万元奖补。

（二）注重推动智慧乡村旅游、宣传营销和品牌培育的培育

目前汉王村覆盖监控 80 余处，村部分重点景区已实现门票预订、智慧停车、地图导览、语音讲解、Wi-Fi、旅游指南等功能，下一步智慧乡村旅游建设的重心是实现汉王村内各景点信息共享，实时监控，目前已与华为公司取得合作意向。

为更好地宣传汉王村旅游，已申请“乐游汉王”公众号，定期对汉王村食、住、行、游、购、娱六要素进行信息发布，同时与徐州报业传媒集团达成战略合作，定期在徐州交通广播上进行宣传推介，定期在微博、抖音上推广；举办活动期间与新浪网、人民网、中国旅游新闻网等网站合作；申请注册“汉王拔剑泉”这一商标品牌，为进一步开发汉王村旅游产品提供了保障，在品牌 logo 设计上突出拔剑泉这一元素，同时将乡村旅游运用意向的方式展示出来。

七、汉王村可借鉴的主要经验和做法

（一）坚持规划引领，科学绘制“施工图”

一是高起点编制规划。邀请浙江长三角研究院等单位对旅游产业发展进行规划编制，全面完善乡村规划体系，做到村级规划全覆盖。二是高标准实施建设。严格施工标准，科学把握整治力度、建设深度、推进速度和财力承受度、群众认可度之间的关系，确保进度与质量“并驾齐驱”。汉王村实现柏油路面、光缆电缆入地、雨污分流、垃圾分类全覆盖。三是高规格做好管护。积极推广市场化运作模式，村庄保洁、河道管护、绿化养护全部引入市场机制，按照月考核、季付款的方式，保障管护工作高效高质运行。大力推行网格员巡查制和三单工作督查制，确保规范化、长效化。

（二）充分挖掘资源，因村施策彰显特色

一是注重因地制宜。坚持宜聚则聚、宜散则散，突出地方特色。汉王村 2020 年 8 月 26 日，入选第二批全国乡村旅游重点村名单。紫山村也已入选省级和市级特色田园乡村试点村。二是注重塑造特色。依托汉王村丰富的旅游资源、特色农业资源、历史文化、饮食文化等资源，突出不同村庄的特色，分门别类重点培育汉王村旅游品牌建设。其中紫山已成为“网红村”，紫山田园成

为“网红景点”，2019 年先后接待 100 余批次考察团观摩交流。三是注重系统治理。坚持把美环境与强功能、惠民生相结合，统筹做好基层设施完善提升、公共空间治理等工作。

（三）强产业培育，放大优势增效益

一是加大招商引资力度。汉王村把招商引资作为发展“生命线”，千方百计引进一批大项目好项目，充分放大生态富民效应，以源源不断的优质项目助推旅游经济发展。二是加快项目建设速度。实行倒排工期、挂图作战的方式推进项目建设，确保签约项目尽快启动、早日建成。蓝莓等 5 家精品水果采摘园建成开园，旅游节、摄影大赛、元宵灯展等节庆活动圆满完成，提升了人气、丰富了产业。三是提升产业带动成效。

（四）强化责任担当，全力发展“美丽经济”

一是引导转变观念，激励村干部主动干。引导村干部正确对待旅游经济发展，实行奖优罚劣机制，让村干部干事有劲头、有奔头，增强村干部主动干的行动自觉。二是建立健全长效管护机制。推行村为责任主体、组为落实主体、农户为受益主体、第三方为服务主体的“四位一体”村庄常态保洁制度，真正做到设施运行常态化、配套管理长效化。三是全力做好“美丽经济”文章。多渠道打开“绿水青山”向“金山银山”的转化通道，丰富乡村旅游、都市农业、养生养老等美丽业态，变“种种砍砍”为“走走看看”，变“卖山林”为“卖生态”，让农民吃上“生态饭”“美丽饭”。

案例四　村集体与村民联建构建乡村旅游治理共同体

——陕西省袁家村村集体组织引领乡村旅游高质量发展

袁家村是陕西省咸阳市礼泉县烟霞镇下辖村，距离西安市 60 千米、咸阳市 34 千米，过境公路有福银高速、关中环线，属于西咸半小时经济圈，交通便利。现有 62 户 286 口人。袁家村被誉为“关中印象体验地”，先后荣获中国十大美丽乡村、中国最有魅力休闲乡村、国家 4A 级旅游景区、首批全国乡村旅游重点村等殊荣。袁家村由康庄老街、小吃街、作坊街、三秦古街、酒吧咖啡街、艺术街、回民街、祠堂街和书院街组成，日常游客接待量可达近万人次，各类门店总数近 600 户，村民人均年收入 15 万元以上。

一、袁家村发展历程

袁家村耕地不足千亩，以前也是有名的贫困村，20 世纪 70 年代村党支部书记郭裕禄率领村民艰苦奋斗，粮棉高产，拔掉穷根。改革开放后，袁家村先后建成白灰窑、砖瓦窑、水泥预制厂、硅铁厂、印刷厂等村办企业，发展经济。1992 年后袁家村加大投资规模，拓宽发展领域，使原有的村农工商总公司迅速发展成为集建材、餐饮、旅游、运输、服务、房地产、影视为一体的大型集团公司，迅速融入了大西安经济圈，实现了从农业稳村向工业富村的成功转型。2000 年该村人均收入由 1970 年的 29.6 元增加到 8600 元，集体资本积累达到 1.8 亿元，成为远近闻名的小康村、文明村。2000 年以后，随着国家政策的调整，水泥厂等村办企业因污染问题被陆续关停，加之人才、市场等因素影响，袁家村的发展陷入困境，袁家村曾沦为典型的“空心村”。2007年，袁家村在报纸上广发消息，用20万元买来了“建设关中印象体验地”的金点子。又以乡村旅游为突破口，提出“大干100天，幸福袁家人”的口号，组织村民于9月29日首批建成作坊街和5户农家乐，探索出一条乡村振兴之路，全年接待游客3万人次。2008年年初，袁家村组织村民先后赴四川成都、云南丽江、山西平遥等地考察学习，以乡村旅游为突破口，打造农民创业平台，让农户低成本或无成本经营，解决产业发展和农民增收问题，全年接待游客达10万人次。2009年被陕西省农业厅评为“陕西省一村一品农家乐明星村”“陕西省文化产业示范单位”，被陕西省环保厅评为“陕西省生态村”。同年9月，袁家村小吃街建成开业，有小吃经营户66家；对各经营户的要求是，品种不能重复，所有的食品要保证新鲜，现做现卖，不允许隔夜。小吃街当年接待游客50万人次。

2010年随着游客数量快速增加，袁家村开始转型升级，由乡村旅游转型为乡村度假，建设民宿和精品客栈区，因游客晚间游玩项目较少，后又建设了酒吧街、艺术街、时尚街等主题街，将原先的一日游变成两日游甚至多日游。5月，袁家村将村民作坊店改制为股份合作社，真正形成了一个利益共同体，以此解决收入分配和共同富裕问题。这是袁家村发展历史上一次质的变革。当年接待游客80万人次。2011年，袁家村被农业部评为“中国最有魅力休闲乡村”，全年接待游客量达120万人。2012年袁家村荣获农业部颁发的“全国一村一品示范村”“全国生态示范村”称号。9月份酒吧咖啡一条街建成开业，全年游客接待达180万人次。2013年，袁家村被住房和城乡建设部及国家旅游局评为“国家特色景观旅游名村”，入选第二批“中国传统村落”，开办了袁家村农民学校；全年接待游客达260万人次。2014年中央电视台CCTV-7频道到袁家村拍摄《美丽乡村中国行》；袁家村艺术长廊建成，有了文创新业态，同年被评为国家4A级景区、“2014中国十大最美乡村”“中国十佳小康村”。全年接待游客达350万人次。

2015年，袁家村为满足游客对旅游品质的追求，逐渐改善村基础设施建设及提高服务质量，开始从量变向质变提升，通过提升业态增加游客的参与和体验感。这一时期为了提高村民整体素质，袁家村开办了“农民学校”和“袁家村夜校”，解决农民的思想、教育和服务问题，为袁家村可持续发展打好基础。同年袁家村被国家旅游局评为全国首批“中国乡村旅游创客示范基地”。10月1日袁家村回民街、祠堂街开业。全年接待游客达450万人次。

2016年8月，袁家村“书院街”项目建成开业，全年接待游客达500万人次。10月28日，袁家村城市体验店西安赛格店开业，全年接待游客达500万人次。2017年，袁家村咸阳正兴广场店开业；4月16日，美国PBS电视台到袁家村拍摄中国旅游宣传片；7月28日，袁家村西安胡家庙万和城店开业；8月份被评为全国乡村综合性改革试点；袁家村“走出去”战略迈出坚实步伐，与湖北、山西、河南、青海、浙江、江苏等省份签订战略合作协议。2017年，袁家村接待游客达550万人次。2018年，袁家村继续走“进城”战略，在西安不同城区接连开设6家城市体验店；8月份袁家村向全球招募实习村主任；年底举办“首届中国乡村振兴大会袁家村峰会暨第八届全国农民合作社大会”“第六届中国（咸阳）国际微电影展”。全年接待游客达580万人次。2019年，袁家村在省内外又有7家印象店开业。7月12日，文化和旅游部发布《关于公示第一批入选全国乡村旅游重点村名录乡村名单的公告》，袁家村入选该名录，12月5日，住房和城乡建设部印发《关于公布美好环境与幸福生活共同缔造活动第一批精选试点村、连片推进村和试点县名单》，袁家村入选。全年接待游客达600万人次。

2020年年初，受新冠感染疫情影响，袁家村关闭了景区；3月19号恢复开放；4月被农业农村部、中共中央宣传部、民政部、司法部评选为全国乡村治理示范村；11月20日，袁家村荣获“全国文明村镇”称号；11月被农业农村部评选为“2020全国乡村特色产业亿元村”。全年接待游客达600万人次。2021年，受疫情影响，袁家村没有在省内外继续开店。全年接待游客达660万人次以上，旅游综合收入超过10亿元，村民人均纯收入15万元以上，成为全国“乡村振兴”的样板村。

二、特色乡村文化凸显

袁家村构筑了传统手工艺文化、饮食文化、民俗文化和民宿文化。传统手工艺文化主要表现为传统油坊、传统醋坊、传统酒坊、腐竹坊、面坊、醪糟坊、粉条坊、豆腐坊等；饮食文化主要表现为乾县锅盔、厚德麻花、岐山臊子面、肉夹馍、茯茶、粉汤羊血、羊肉泡馍、香酥泡油糕等一百多种关中地道小吃；民俗文化主要表现为秦腔、弦板腔、皮影戏、木版年画、剪纸、雕刻、石磨等地道的民俗文化；民宿文化主要表现为左右客、陌上花开、胡想·家、居然天上、天元度假酒店、遇见精品民宿、在云端、生活客栈等 100 多家高中低端民宿打造的袁家村关中印象住宿品牌，其中各类风格精品民宿 37 家，关中炕房、主题套房等不同形式的客房总数 1380 间，床位 2200 张。

三、以街道为核心的旅游体验方式

袁家村形成了九条适宜游客体验的旅游街区，主要是：①袁家村主街：袁家村原住民居住的街区，以提供餐饮、住宿的农家乐为主，在这里可以和原住村民聊天，了解袁家村的历史和故事。②康庄老街：非物质文化遗产和新时代文创聚集地，以新老文创产品为主，在这里可以感受关中的文化和时代的脉搏。③小吃街：100 多种地道的关中小吃，主要原材料均来自袁家村作坊，食物经过传统手艺制作，在这里可以找到小时候的味道。④作坊街：有菜籽油、豆腐、辣椒、醪糟、酸奶、粉条、醋、面八大作坊，提供优质食材，供农民自产自销，零添加，是可供游客带回家的好产品。⑤回民街：与西安回民街共同打造的美食街区，聚集了西北回民各类美食小吃，在这里可以尽情感受西北少数民族风情。⑥祠堂街：是袁家村进行节事活动的重要街区，聚集了祠堂、财神庙、敬天楼等体现袁家村顺天敬祖精神的建筑，文创体验、咖啡馆、民宿、特色餐饮齐聚。⑦书院街：因重建刘古愚先生的烟霞书院而得名，街道设有民宿、酒吧、茶馆、文创店铺、特色餐饮等。⑧酒吧街：酒吧咖啡馆聚集处，在这里可以下午聊天喝茶，晚上喝酒听演唱。⑨艺术街：汇集了艺术工作室及文创店铺，在寂静处，可以发现匠艺，遇见匠心。

四、袁家村的特色乡村振兴之路

（一）坚持以村党支部为核心，引领发展

20世纪70年代以前的人民公社时期，袁家村是有名的“烂杆村”，全村大多数家庭居住在破旧、低矮的土坯房里。1970年，在郭裕禄队长的带领下，袁家村逐年提高粮食产量，用了9年时间解决了村民吃饭问题，且户户有余粮，一举成为陕西省乃至全国农业战线的一面旗帜。80年代，乡镇企业时期，袁家村也是陕西的一面旗帜。2000年左右，袁家村在发展中遇到了瓶颈。2007年，在新任党支部书记的带领下，袁家村大力发展乡村旅游，提出通过打造关中民俗文化为主题的旅游，把农村的劣势转换成优势；村子变为旅游的载体，农民转换成旅游的主体，农产品变成旅游商品。以乡村生活和当地农民参与经营为特征，以原生态和零添加的方式，以特有的“发誓”方法让村民用自身人格去捍卫食品安全，打造出独特的关中印象体验地，初步满足了都市居民周末一日游的需求。

（二）坚持以农民为主体，培育发展主力军

袁家村在刚刚发展之时，就确定了自己的发展道路——自主发展。其主旨是村民的主体地位不动摇，让农民自己当家做主，自我发展，确保村民的利益不丢失。其过程经历了“三步走”。

第一步：打造农民创业平台。以袁家村关中印象体验地为载体，对村民进行培训，从而提高村民的服务意识及服务质量，把村民培养成袁家村的经营主体。其特点是这些人不管生意做得大与小都是老板，村里的唯一要求是一定要讲诚信，在质量、价格、称重上不能骗人。

第二步：成立农民合作社。郭占武书记在全村大会上讲：袁家村的股份制是袁家村历史性的一次变革！为什么要成立合作社？合作社的目的是解决分钱和给谁分钱的问题！因此，袁家村搭建旅游平台，吸引企业或能人进村经营，再通过农民合作社，实现全体村民参与，共享收益。袁家村里的所有生意对全体村民及周边的村民和商户开放，大家都可以入股，形成你中有我，我中有你的利益共同体。目前袁家村有30多家合作社，最好的投入1万元，一年分两

万元，一般的分红都是 50%，“你挣钱我不眼红，因为我在你里面入股了，我挣钱你不害怕，因为我能给你分红”，真正形成了一个利益共同体。例如，袁家村酸奶合作社，从开业至今，参股人数达到 300 多人，有袁家村的村民、商户、从业者等，年利润达 1000 万元。合作社调动了所有人的积极性，实现了全民参与，村民和商户就像一家人一样非常和谐。

第三步：实现优势项目产业化。袁家村通过发展旅游培育“袁家村”品牌，以旅游为突破口销售袁家村的特色农副产品，提升经济效益，凸显品牌价值。第三产业的做大做强，带动了第二产业的发展，第二产业又倒推第一产业种养殖的扩大经营，形成了三产带二产促一产的发展模式。通过“小作坊—加工厂—连锁企业”的形式，发展“种养殖基地 + 订单农业”，探索出一条乡村振兴之路。

（三）坚持以创新为主线，打造发展的推进器

袁家村在发展的过程中，抓住国家建设美丽乡村的机遇，提出了袁家村“走出去战略”，与当地政府和企业合作，打造具有关中民俗文化特色的体验店。

一是进城战略。就是用袁家村打造出来的品牌和经营模式，在大城市开设“袁家村城市体验店”，每一个店都是股份合作制，让袁家村的村民直接或间接跟着受益，实现了从卖产品到卖品牌的过渡。目前，袁家村在西安、咸阳等地已经开设城市体验店 17 家，产值达到 4 个亿，已形成强有力的口碑效应。现在西安城市店又拓展出外卖业务。2021 年，袁家村城市体验店外卖业务营业收入已经突破了 5000 万元，市场潜力巨大。

二是出省战略。就是根据当地的特色文化，结合袁家村的商业模式，在其他省市打造一个不同地域文化的袁家村，除了在陕西本省发展外，袁家村模式已经复制到全国五个省份（青海河湟印象 · 袁家村、河南同盟古镇 · 袁家村、山西忻州古城 · 袁家村、海南博鳌印象 · 袁家村、江苏宿迁印象 · 袁家村）。

案例五　融合发展　挖掘内涵
提升乡村旅游品位

——辽宁省大连市水师营街道小南村丰富产品业态促进乡村旅游

小南村位于辽宁省大连市旅顺口区水师营街道。面积6.73平方千米，北临大连四区，南临旅顺港，距周水子国家机场不到40千米，距离大连地铁12号线仅一步之遥，交通十分便利。小南村全村1498户，4100多人。2020年全村实现社会总收入20.5亿元，人均年收入3.1万元，村级可支配财力达到1800万元。旅顺口有“一山担两海，一港写春秋，一个旅顺口，半部近代史”之称，小南村地处旅顺口腹地，是区委、区政府所在地；下辖龙河港，是旅顺历史上最早的军港；龙引泉是中国较早的城市给水工程；旅顺口还有中国近代规模最大的外国墓地——苏联烈士墓地，日俄战争遗迹——松树山要塞，使得小南村在资源、工业、文化等方面都有着得天独厚的优势。

一、小南村旅游资源解析

（一）区位优势明显

小南村位于中国东北海港城市大连南部旅顺口区。旅顺港口风景秀丽，南临黄海，西临渤海，与山东半岛、朝鲜毗邻。小南村位于旅顺口水师营街，是旅顺口区行政区划的中心，也是旅顺口区行政机关所在地。小南村三面环海，气温适宜。这里的植物一年四季都是生机勃勃的，很适宜居住。小南村的交通也十分便利，环境舒适，风光秀丽，是一处旅游胜地。同时，坐落在旅顺口区的小南村，有着极其丰富的自然人文旅游资源。

（二）生态旅游资源得到有序开发

小南村人通过持续开拓、求新求变，并通过对企业的精确定位和整合企业优势资源，在全村上下的齐心协力下，形成了诸多特色乡村旅游资源，主要有：

太空植物王国。是目前中国面积最大、科技水平较为领先的太空作物展馆，是目前中国第一个以太空植物为主体的展馆，也是中国第一个采用展厅方式开放的太空作物育种平台。馆内的五个展区分别展出了根茎类、藤蔓植物类、果茄类等几大类别的三十多种太空作物。

“蝶恋花”蝴蝶园。是蝴蝶传统文化内涵最为丰富的主题公园建设项目，蝴蝶主题公园共包含了三馆二苑六个看点，共为人们介绍了一百五十余种世界名贵蝶种，并且还能够让人们亲身感受蝴蝶标本及其制作流程，展示出蝴蝶的神奇力量，带人们更近距离地感受蝴蝶传统文化。

福文化主题公园。是由祝福长廊、莲花池、福禄寿喜神像区和铜铸方鼎所构成的，以“福”字文化为核心的主题广场，这个广场与蝶苑相通，放飞蝴蝶和祝福并举，突出了浪漫美好的文化特色。

四季采摘园。主要通过春天采集杨梅、夏季采集樱桃、秋季采摘果桃、冬季采集食用菌等，极大丰富了采集产品，弥补了季节性缺口，使采集时间可以纵贯全年。

松树山农家饭庄。是小南村中较有特色的一座农家乐餐厅，同时也是小南村最初发展的一些农家乐中一直坚持保留至今的。这家农家乐现在是一个集用餐、食宿、娱乐于一身，且不失传统农村特点的大餐厅，菜品原材料均是当地农民自己种植和养殖的当地特色食材，住房也恢复了过去在乡村的土炕，客房分为高中低档，共三十余间，能够容纳住客近百人，在娱乐方面也能够让游客加入传统农家饭的烹饪流程当中，感受乡村原汁原味的生活。

景泰蓝博物馆、小动物园、地震体验馆、大糖鼓火烧制作作坊。三百平方米的景泰蓝陶瓷博物馆，展示了各类陶瓷供游人欣赏；小动物园是为全面适应小朋友的需求所建立的，让孩子们可以更加亲近自然；特意建立了地震体验馆，让游人可以了解自救常识。同时，小南村也一直十分重视对非物质文化遗产的保护工作，已有100多年历史的水师营大糖鼓火烧，现已顺利申报为国家非物质文化遗产，大糖鼓火烧制作作坊可以让游客了解大糖鼓火烧制作的流程。

（三）旅游生态环境逐步改造

植被覆盖率高。小南村地处旅顺国际风景名胜区内核景点，其管辖面积为6.73平方千米，植被覆盖率为82%，林地面积达到了52%，堪称旅顺口的生态涵养心脏。

逐渐完善旅游基础设施建设。小南村充分发挥旅顺口区景区核心地段的区位优势，依托该村的近现代历史人文内涵，坚持“建设与保护并重”的原则；坚持绿色发展，把山水、林田、公路有机结合起来，实现人与自然的协调发展，走出“绿水青山就是金山银山”的路子。村委会投入1000多万元，对村容村貌进行了全面的改造，实现了绿化、美化、亮化、公路与综合服务5个统一。全村新修马北路、龙山采摘路2.2千米、新铺村屯公路6100平方米，新建150米观光木栈道、300盏新安路灯、4个村民健身中心、50000多棵绿化树。另外，建设3个星级卫生间、1个接待中心，完善医务室、咨询室、接待、救援、特殊群体服务、农产品市场等，对村庄和景区的服务标识、标牌等进行了改造，使村庄的人居环境得到了极大的改善，旅游基础设施条件得到了全面的提高。

垃圾污水处理。在“人居环境整治专项行动”中，小南村的党员发挥带头作用，带领村民率先清理了垃圾的盲点，清理了河套区的临建、垃圾，排污10000余立方米。

（四）政策的有效支持

小南村积极利用各级乡村振兴与乡村旅游扶持的政策（见表5），不断打造乡村旅游知名品牌并获得了诸多殊荣。小南村先后荣获大连市造林绿化先进村、大连市星级平安稳定村、大连市文明村、辽宁省环境优美村、全国休闲农业与乡村旅游示范点、国家农业科普示范基地、2015年中国最美村镇文明风尚村奖、2016中国美丽乡村百佳范例、2017中国最美村镇50强、2018中国最美村镇乡村振兴榜样奖、大连十大美丽乡村，以及辽宁省中小学生科普基地、国家4A级旅游景区等多项殊荣，2019年入选第一批全国乡村旅游重点村名录。

表5　政府出台扶持政策（部分）

层级	出台方及文件名	内容
国家级	中央一号文件《中共中央 国务院关于实施乡村振兴战略的意见》	大力发展乡村休闲旅游产业，扎实推进脱贫攻坚，塑造美丽乡村风貌。
	《国务院办公厅关于进一步促进旅游投资和消费的若干意见》	实施乡村旅游提升计划，开拓旅游消费空间；坚持乡村旅游个性化、特色化方向发展；完善休闲农业和乡村旅游配套设施；开展百万乡村旅游创客行动。
省级	辽宁省人民政府办公厅发布的《辽宁省"十四五"旅游业发展规划》	乡村振兴战略将带动乡村旅游全面繁荣发展，推动形成一大批乡村旅游新兴目的地，为城市居民提供更为广阔的观光旅游、休闲度假、农事体验、田园生活新去处；将激发广大农民日益增长的旅游消费潜力，壮大全省旅游消费市场；将促进更大范围、更大规模、更深层次城乡旅游互动，催生大批共享农庄、共享民宿、乡村旅居等新产品、新业态、新模式，推进全省广袤的农村实现绿水青山向金山银山跨越。
	辽宁省发布的《辽宁省促进乡村旅游发展提质升级实施方案》	促进乡村旅游发展提质升级，发挥乡村旅游在实施乡村振兴战略中的重要作用，进一步促进旅游产业发展和扩大旅游消费。
市级	《大连市文化和旅游发展"十四五"规划》	创新开发乡村旅游产品。发展乡村特色文化产业、乡村旅游，让农民更多分享产业增值收益，推动产业兴旺、生态宜居、乡风文明、治理有效、生活富裕的新时代魅力乡村建设。打造一批特色鲜明的乡村旅游品牌。

二、小南村乡村旅游创新发展实践

（一）打造生态资源核心吸引物，兼顾文化旅游资源综合开发

小南村一直以生态旅游和文化旅游为发展核心，大力打造生态旅游核心吸引物。2007年起，小南村先期投资1200万元，与中科院种子研究所合作开发建设了占地30万平方米的七彩南山景区，打造国内首个"太空植物王国"，景区自开业以来，已有200多家旅行社进行推广，年接待国内外游客近15万人次，年收入800多万元；此外，还投资4000万元建成了大连首个"蝶恋花"蝴蝶园，有包括来自巴西、印度尼西亚等国家的两百多种蝴蝶标本供游人观

赏，还引进繁殖台湾大帛斑蝶、云南金裳凤蝶、虎斑蝶，使之成为中国东北部蝴蝶种类最多、规模最大、蝶文化内容最丰富的蝴蝶产业园区。开发生态旅游资源的同时，还打造“影视+旅游”的乡村文化旅游新模式，旅顺口区2008年筹建“闯关东”影视基地，总规划面积1.8平方千米，其中影视城拍摄使用面积3.8万平方米，建筑面积2万平方米。小南村将乡村旅游、生态旅游、影视旅游等多种形式融合起来，打造“食、住、行、游、购、娱”为一体的乡村旅游综合观光体。

（二）创新开发多种旅游产品和旅游线路

以各种水果蔬菜、蝴蝶养殖、太空花卉栽培等特色资源产业为重点，大力发展采摘旅游和生态体验旅游，改良山坡、农田300多亩，栽植大樱桃16000多株，建立了草莓采摘基地20000余平方米，栽植花田50多亩。

深度挖掘特色资源，发展与产品深度加工有关的具有地方特色的旅游商品、农副产品和特色小吃。例如，独具特色的旅游纪念品蝴蝶标本、太空育种（可食植物、太空大米）、已有140多年的世界非物质文化遗产水师营大糖鼓火烧等。

将传统的乡村旅游与体验旅游融合在一起，打造大连传统乡村旅游示范基地，并通过创新，创建了儿童乐园、地震感受平台、太空植物栽培、喂养小动物、放飞蝴蝶、祈福、采集、4D电影、大糖鼓火烧制作、蝴蝶标本制作、剪纸、喂鱼等12项体验活动，使传统的乡村旅游体验产品的内涵更加丰富。

（三）创新管理模式，提升管理水平

小南村美丽乡村建设和发展乡村旅游关键是体制改革和创新。在经营主体方面，小南村一直坚持以集体经济为主、多种经营主体共同发展的共享经济模式，并取得了明显成效。在经营方式上，小南村从单一的集体领导模式转变为村民参与、多种经营主体协调管理、村民监督；农村集体经济新模式的实施，使农村经济得到了迅速、健康的发展。太空植物馆、蝴蝶园等主要旅游项目均是由村民出资兴建，所得收入全部归村集体所有。同时，支持村民和社会资本投资建设“闯关东”影视基地、12家农场饭店、21家水果采摘园、12家农副产品加工企业、8家农家客栈、10家农副产品超市。招商引资，引入第三方公司参与乡村旅游管理。小南村在缺乏经营管理经验的情况下，引入专业人才和管理经验，与沈阳鲁易旅游发展有限公司签订了合作协议，聘请专业管理人员运营乡村旅游项目，形成了“农民＋合作社＋专业旅游公司＋保底分红”的合作经营模式。有力地调动了各方积极性，使小南村乡村旅游步入正轨。

（四）创新合作机制，发展引领教育

小南村率先打造了大学生就业创业基地以及合作机制。与大连财经学院合作，开设了“骨之源”火锅、“米线、酸菜鱼”两家餐饮门店，成为小南村新的经济增长点，同时也为大学生提供了创业实习的场所；同时促进与周边高校的深入交流与合作，与东北财经大学签订了战略合作协议，成立“辽宁乡村振兴学校”，促进乡村文化旅游的发展，助力乡村振兴；与大连交通大学成立了小南村的社会实践基地，建立了特色文化交流平台，实现了以文化带动乡村旅游的目的；与大连理工大学、大连外国语大学进行了长期的合作，形成了资源的互补，促进就业，带动了乡村旅游的发展。

（五）创新利润分配模式，提高村民收入水平

小南村成立了资产托管公司，在全省率先实行“集体产权股份”制度，使“集体财产”得到“分红”。小南村原籍村民均享受每人33000元股本金。小南村成立了9个合作社，小南联社对全村4000多名成员进行了分红，其中的收益100%给了全村的村民，剩下的8个合作社7成的收益归村民，每一个人都能得到2万多元的分红。

三、小南村乡村旅游创新发展启示

（一）不断推动“党建＋乡村旅游”

小南村党委立足于绿水青山、人文景观、历史文化古迹，以非物质文化遗产为依托，围绕“以党建促旅游”“以党建促发展”为核心的“兴村富民”工作的基本思路，发展红色文化旅游产品、农业科普高科技产品、青少年研学旅游产品、文化创意旅游产品、传统民俗文化旅游产品五大特色旅游产业。历经十余年的努力，南山景区已建成国家4A级旅游景区；与中国科学院种子研究所共同投资1200万元，建成了中国首个“太空植物王国”；投资4000万元，建成了我国蝴蝶品种最多、面积最大、蝴蝶文化最丰富的国家蝴蝶公园；使辖区内的乡村旅游发展成为集休闲农业、乡土人文、现代民俗体验、科学教育普及、观光购物、餐饮住宿为一体的生态旅游综合观光体。同时开发了儿童探险王国、东北民俗博物馆、自制水果蔬菜沙拉、魔术泡泡表演、饲养小动物等各种文化创意活动，每年都吸引海内外游客上百万人次。村委会对村民的生产、生活给予了高度的关注，把群众最关心、最直接、最现实的利益问题作为重点，充分发挥中国共产党的优越性，以“三农”为重点，以“乡村旅游”为核心，以“村办企业”“合作社”为基础，积极解决“三农”问题，促进了农村居民对美丽乡村的参与；同时，又出台了数十个便民措施，把当前的村务公开、村民自治、股权分红等工作有机结合起来，开展了农村低保、老年保健、免费旅游、免费体检等一系列工作，为小南村构建了一整套的“幸福指数”保障体系，使全村的村民居有定所、病有所医、老有所养。全面提高村民满足感、归属感、幸福感。“党建+旅游”成了小南村走出大连、走向全国的亮丽名片。

（二）构筑“农村电商+乡村旅游”新格局

乡村旅游的主体是城市居民，近年来，随着年龄的增长，他们越来越喜欢乡村旅游特有的生产形态、自然景观和民俗风情。以乡村文化为代表的民俗旅游，不仅能将大批的旅游者带到大自然中来，更是农村产业结构调整和振兴的一个新的增长点。这几年，小南村的农村电商发展非常迅速，通过农产品交易电子化，促进小南村农产品销售；通过平台直播，提高了小南村乡村旅游的知名度。农村电商与乡村旅游都是围绕着农村、农产品开展的，两者之间有着很强的关联性。国务院《关于促进农村电子商务加快发展的指导意见》明确指出，要大力发展农村电商，拓宽农产品、民俗产品、乡村旅游等领域。以推广乡村旅游为主，农产品的销售为辅，对产品的特点进行定位，让游客可以接触到自然的有机食品，从而扩大产品的知名度。

乡村旅游可以促进城市和农村人口的双向流动，提高当地的旅游产品和当地农产品的影响力，从而在游客即潜在的消费者中产生一定的认知，对促进本地农产品的品牌宣传具有重要意义。同时，利用电商平台为游客提供本地特色农产品回城平台，电子商务的引入可以为乡村旅游项目提供更高质量的平台，从而促进乡村旅游的发展。同时，根据市场的反馈，适时地进行乡村旅游项目的优化和调整。通过“农村电商 + 乡村旅游”的模式，实现了本地特色商品和文旅产品的线上销售，降低了运营成本，减少了信息不对称，提高了消费便利性。周末游、短途休闲游让许多地区挖掘当地的乡村旅游资源。利用本地的旅游资源，促进地方特色产品销售，是一种新型的融合发展模式。此外，拓展农村电商的内涵，不管是农林牧渔，还是休闲文创旅游，都可以做电商，其自身的特点和优势，促进了农业和乡村旅游的一体化发展。

在农村旅游资源丰富的区域，开发旅游资源，完善农村电商产业链，构建农村电商强有力的供应链系统，不仅可以丰富乡村旅游的内容和趣味，还可以增强游客的体验感和参与性。同时也可以利用电商平台进行推广和带货，实现本地旅游资源的在线推广与服务预订，并进一步扩大涉农产品的影响力和经济效益。旅游资源不足的地方，要加强农村电商发展，开发特色农林草河湖等游乐产业设施，充分挖掘乡村旅游资源，以农村电商带动和发展乡村旅游。各地区要结合自身的情况，挖掘自身的优势，不断创新，打造自身特色，通过差异化开发来避免同类恶性竞争，增强区域之间的互补。

（三）发挥好“民俗 + 乡村旅游”吸引作用

小南村自实施乡村振兴战略以来，取得了显著的成效。然而，同其他地区乡村旅游发展一样，乡村旅游开发的体验性项目多为采摘、挖野菜、垂钓等农事体验，同质化问题严重，缺乏民俗文化等稀缺体验项目。小南村旅游发展中的同质问题成为小南村发展乡村旅游的最大障碍，发展模式比较单一，主要是以观光自然景观为主，缺乏创新，没有竞争优势。但是，小南村地处东北最南端，具有东北特有的特色和美丽的自然环境，为小南村的发展提供了一个光明的前景。小南村规避劣势，发挥人文优势和自然优势，建设体验式的田园观光综合体，发展特色农业，创造美丽的人居环境，挖掘民俗旅游资源，保护和传承民族民间历史文化。

近代历史与民间传统文化在小南村交融，使其得以继承和创新，传承了乡村文明之光，并为当地的旅游业注入了活力。小南村充分挖掘“水师营会见所”和“松树山堡垒”等文化遗迹，使参观者能够感受到中国近代历史的艰辛。充分利用了当地的民俗文化资源，针对旅游者的个性化消费需要，大力发展乡村民俗文化体验。一方面，加强体验式乡村民俗旅游，利用小南村特有的农业、自然景观等自然资源，为游客提供必要的生活环境，让游客体验耕种、收获、采摘、饲养等农业活动。精心挑选一批具有高度参与性的民俗文化活动，把传统民俗舞蹈鞭扇舞重新编排搬上舞台，培育专业、业余演员不定期演出，并鼓励游客参与到民俗文化活动中，如穿戴满族、汉族为代表的民族服饰，亲自体验东北特色“八大碗”美食，参观大糖鼓火烧、老干榨黄酒、景泰蓝唐卡等非物质文化遗产为代表的传统民间工艺。另一方面，根据民俗旅游节令性强的特点，可以在适当的时机开展满族添仓节、开山节等节庆活动，并进一步发展端午节、重阳节等当地传统节日，以吸引更多的游客前来，推动乡村游的转型升级。

（四）用“文化创意 + 乡村旅游”推动高质量发展

传统的农村旅游业，大多以农民为主体，以分散的方式进行经营，没有形成一个统一的经营模式，也没有专门的经营管理方式。这种模式可以产生一定的收益，并以乡村旅游为基础，促进地方经济的发展，但其产生的价值却很低，对地方发展的贡献也很小，经营方式无法长久持续。由于缺乏统一、规范的管理制度，导致了农村地区的食品卫生、服务质量、游客的安全等问题层出不穷；同时，由于缺乏统一的经营管理机制，使得农村旅游业在经营过程中缺乏规范化、安全的保障。文化创意和乡村旅游二者的结合，可以有效地改变传统单一的乡村旅游的经营模式，并以规范的管理措施、严格的管理制度和特色的旅游产品创建乡村旅游新的品牌，提升乡村旅游的品质。

目前，我国农村的经济和文化正处在一个重要的发展阶段。与国内其他行业相比，乡村文化旅游的概念中，“游”这个概念的内涵主要包含以下两个方面：一是在游客密集的室外景区的附加游览区，可以建设农业博物馆、酿酒厂、农艺园等户外休闲观光体验项目。二是与周边旅游景点的互访。在乡村旅游区规划中，应充分考虑到周围自然景观或风景区的特点，便于游人在休闲观光的同时参观自然风景区、历史古迹等。在乡村旅游规划时，要根据当地的实际，建设具有整体性和协调性的文化景区，同时要充分利用现有的客流量，为乡村旅游提供稳定的客源。同时，还能让广大的乡村旅游者在附近的景点游览，促进当地旅游业的全面发展。因此，如何调整旅游发展战略，建设有特色的乡村旅游景点，是实现乡村旅游和文化创意产业融合的重要环节。

大连得天独厚的地理环境和深厚人文历史底蕴，为小南村提供了丰富的文化旅游资源。位于小南村附近的大连市清风镇（闯关东影视基地），是大连市文化旅游发展的一个重要基地，也是大连唯一一个以“电影城市”为主题的旅游景点。以影视旅游开发为主，形成一条完整的影视产业链以及以影视拍摄、度假旅游、日常生活为一体的旅游文化旅游小镇。从小南村出发，前往大连清风镇（闯关东）影视基地交通便利，结合当地的文化和乡村旅游特色，将二者结合起来，小南村的乡村旅游发展得到了质的飞跃。

（五）不断创新乡村旅游经营模式，优化利益分配方式

小南村党总支立足于历史经验，始终坚持以脱贫致富与带动全村村民共同富裕为主要目标，积极探索集体利益共同富裕的新思路，采取集体经济为主多方共同经营的共享经济模式，并在全国第一个引入了集体财产份额量化分配方式。充分调动农户和合作社的积极性，组建一家资产托管公司，以协议、诉讼、不续签的形式，将“会见所”“松林山要塞”等 5 家村集体企业的 50% 股权无偿发放给了村民。小南村成立了 9 个合作社，小南联社对全村 4000 多名成员进行了分红，其中的收益 100% 给村民，其他 8 个合作社的收益 70% 给了村民，每人得到了 2 万多元的分红。同时，当地政府还向农户提供了 100 万元的无息贷款，为他们的发展提供了资金。农村的农民和党员干部可以享受 10 年的水电费补贴，60 岁以上的老人每人每年 100~300 元。这种经营模式实现了各方共赢。

1. 从政府层面出发

在农村实行精准扶贫。“人文贫困”是联合国发展组织 1997 年《人类发展报告》中的一项重要内容，它反映了更广泛、更多层次的贫穷问题。该报告认为，贫困并不只是收入低微和经济上的贫困，更重要的是人们的寿命、健康、居住条件、知识、参与、安全、环境等方面没有得到充分的满足，这就是“人文贫困”。国家提出乡村振兴战略，共享经济模式的发展，既是乡村振兴的一种具体表现，也是农业产业化发展的一种方式，它能使农村资源得到充分利用，从而达到扶贫的目的。

拉动农村就业。乡村旅游也是劳动密集型行业。由于地理位置、经济条件等客观条件，使得乡村旅游从业者的本土化程度较高。所以，在持续发展乡村旅游共享经济的同时，也能为广大农村剩余劳动力提供有效的就业机会。此外，还可以招商引资，开发乡村旅游资源，吸引年轻人返乡创业、发展。近年来，我国出台了一系列积极的“创新创业”政策，为农民创业提供了有利的外部环境，同时，也为那些拥有乡村情怀和创业梦想的人们带来了商机。

提高地方政府财政收入。为了扶持农村发展，国家出台了一系列的税收优惠政策。政府通过对乡村旅游、休闲农业企业进行宏观调控，以减少其运营成本，并在其发展初期对其进行支持与培育。同时，通过对乡村旅游、休闲农业等方面的政策，推动产业发展，并提高了农村地区的税收，政府再通过税收，对农村的旅游、休闲农业进行补贴，提供公共服务，满足社会公共需求。

2. 从乡村旅游经营者层面入手

获取新的投资途径。随着社会的发展，积累巨大的社会财富必须通过投资来实现资产的保值和增值。过去，由于缺乏对乡村旅游、休闲农业的重视，使得农村许多高质量的资源与项目，由于缺乏投资商处于闲置状态。共享经济的这种模式拓宽投资渠道，同时，也为乡村旅游、休闲农业的发展提供了一个规范、安全的投融资平台。

获得投资的收入和回报。近年来，我国政府出台了一系列扶持乡村旅游、休闲农业的政策，为农民提供了巨大的市场机遇和政策红利。以集体经济为主的多方共同经营的共享经济模式在运营与发展过程中，可以获得两种回报，一种是直接的投资回报，另一种是品牌收入。当前，我国的乡村旅游、休闲农业市场才刚刚起步，还处在快速发展的阶段，还没有形成知名品牌和规模较大的品牌，品牌之间的竞争并不激烈，所以要建立好品牌策略，才能够快速地获取品牌利润并持续发展。

3. 从村民层面出发

新增工作岗位。当前，我国农村劳动力的主要特点有两种：一是青年劳动力的大规模流动，一是老人和妇女留在乡下务农或等待就业。造成这种状况的原因，一是由于城市就业机会多、经济发展比较快、工资比较高；二是城市的工作环境和居住条件比农村好，有利于家庭的长远发展。因此，在发展乡村旅游的过程中，应促进农村基础设施的完善，就业岗位增多。同时，作为资源的拥有者，农民本身就拥有着天然的优势，这也为他们的创业创造了有利的条件。

实现资源合作回报。在共享经济模式下，村民扮演着不同的角色。村民既是旅游资源的拥有者，也是开发资源的参与者，同时还是旅游资源的建设者。所以，由于角色不同，收入方式也有所不同：资源拥有者从土地租金和房子租金中获得收入；开发资源参与者以其劳动所得为报酬；旅游资源的建设者利用自己的资源、人力和资本进行投资，以获得投资的回报。在实际运作中，农户可能会扮演一个单一的角色，也可能会出现多重角色，从而获得多种合作收益。

4. 从消费者层面出发

获得绿色健康的农产品。人们的生活质量得到改善，其中一个体现就是人们对于健康的生活和绿色产品的要求越来越高。由于农村劳动力的大量流出，导致了农村生产力的下降和农产品的生产停滞，同时，由于工业化生产追求规模效益，在某种意义上忽略了产品的健康与绿色。因此，实施乡村振兴战略，既要传承传统的农耕文化，又要实现现代科技的精细管理，促进特色农产品的开发。健康绿色的农产品将会进一步满足人民日益增加的物质需求，同时也会使人民的生活质量得到进一步的改善。

获得优质的旅游产品和服务。乡村旅游给忙碌、嘈杂的城市生活带来了另一种生活形态，即自然、宁静、健康、美好。回到大自然，感受大自然带来的快乐，是都市人们所渴望的一种旅游方式。深度挖掘农村的优势资源，通过乡村旅游产品，让消费者在消费的过程中得到不同的体验，如红色旅游，田园观光游，采摘体验游，民俗旅游、度假旅游等，都是以乡村为背景，结合自身的资源，不断优化旅游项目，为游客提供了新的选择。

案例六　做好绿水青山　做大金山银山

——浙江省莫干山绿色发展助力乡村旅游

莫干山镇位于浙江省湖州市德清县西南部，总地域面积为191.38平方千米，是一座“八山半水分半田”的高山乡镇[①]。二十世纪末，莫干山镇还是一个靠山吃山的贫穷乡镇，主要以“低小散”民营企业居多，旅游观光虽开始蓬勃发展，却主要以经营粗放的农家乐居多，地方政府每年财政收入不足4000万元，村民人均收入也刚达到一万多元，乡村集体经济微薄，经济社会发展水平一直位于全县倒数。2005年，莫干山镇率先在全国推行生态补偿金制度，开启了“生态建设立镇、旅游强镇”战略，借助“莫干山”的名山效应，着力发展精品民宿、户外运动、农耕休憩、文化创意等主导产业，本着“原生态养生、国际性休闲”的宗旨，逐渐培养形成了以“洋家乐”主题民宿为典型代表的多样化度假产业融合发展格局，逐渐建设成蜚声海内外的国际特色乡村旅游度假目的地。

① 莫干山镇在2016年由原莫干山村、筏头乡撤并组成。2020年，原五四镇区划调整至莫干山镇，地域面积为191.38平方千米，东接武康市街，南邻杭州市余杭区百丈镇、黄湖镇，西连安吉递铺镇，北靠吴兴县埭溪乡。莫干山街区下辖17个行政村，3个社区，户籍总人口约3.3万人，农户9299户。镇党委下辖11个党总支，42个党支部，1400名党员。2016年，经市政府审批，同意建立由大庾村4A级景区和劳岭镇、五四乡等十个乡镇所组成的莫干山国际旅游度假区，在2020年成功打造为国家级旅游度假区，目前和镇政府是两个牌子一个班子，区镇融合发展。

一、莫干山乡村旅游发展基础

（一）区位条件

区位条件在德清县旅游整体发展中起着举足轻重的作用。莫干山镇是德清县西部山区，与武康镇的中心城区德清县县城相差 12 千米，隶属江浙沪两个小时的都市旅游圈。三莫高速公路是莫干山镇和武康镇的主要交通要道。在县级层面，德清县围绕休闲度假和生态养生两条主线，以创建世界一流旅游目的地为核心，以德清县旅游整体发展为重点，依托下渚湖湿地风景区、莫干山国际旅游度假区、新市古镇文化旅游度假区三大旅游板块。莫干山镇位于德清县莫干山国家风景区，是全国闻名的休闲度假胜地，也是“洋家乐”的发祥地。

（二）旅游资源

乡村旅游的蓬勃发展离不开当地自然资源环境的良好保障，所以莫干山镇在乡村旅游的发展上，必须充分利用当地的自然条件与人文优势进行景区改造，从而吸引大批的旅游者前去观光旅游，促进地方经济社会发展。

1. 自然资源

莫干山镇具有优良的气候、高水平的园林、纯朴优美的自然环境和丰富的人文旅游资源。其著名的莫干山风景区以“竹、云、泉”三胜，“凉、绿、清、静”四佳而闻名。20 世纪初期，莫干山被誉为“清凉世界”，它和庐山、北戴河和鸡公山并列为四大旅游胜地。据《莫干山志》的记述：“山皆栽竹，高者低者大者小者，各以类聚，连山接境，何止渭川千亩。”有油竹、苦竹等二十余种，竹材丰富，翠竹茂盛，密密麻麻，形成了“万竿绿海”的独特竹林景观。除了竹林外，还有天泉山附近的竹子。

莫干山的另外一大景观是云海的变化。在每年的 5、6 月份，或者在夏天的一场大雨之后，都会有一片晴朗的天空。塔山下了一场大雨，可以看见波澜壮阔的云海；在阴山，可以看见一片缭绕的雾气，从山谷中袅袅升起；而在旭光台上，那片薄薄的雾气，就像是一缕青烟。

莫干山有许多泉、溪、池、潭、飞瀑以及人工湖泊。因多泉眼，天泉山又被称为“清泉百道”，其中以鹤啄泉、双髻海眼泉、石颐庵的虎跑泉最为著名。

溪有余英溪、阜溪、埭溪等，其中余英溪以盘溪、双溪为主要支流，水流湍急。池有剑池、天池、古天池，其中以剑池和天泉池最为出名，是干将、莫邪铸剑的地方。瀑布中有四重飞瀑，是一道四叠瀑布。水潭中有一处龙潭，瀑布足有四五米高，瀑布直冲龙潭。湖泊有莫干湖、石颐寺水库、双亭湖。莫干湖位于莫干山南麓、余英溪中部。石颐寺水库和双亭湖的蓄水量相对较低。

2. 人文资源

各式各样的建筑构成了莫干山最具特色的人文观光资源，其中最有特色的莫过于万国博览的度假山庄。这些别墅包含了两百多座西欧乡间的农舍，十多座中世纪城堡山庄，三座典型的中国古典建筑，还有十多所自 1949 年以来新建的现代化房屋。皇后饭店、白云山会馆、武陵庄、林海山庄等具有一定历史价值的建筑已经列入全国重点文物保护名录。除了这些，还有亭台、牌坊、寺庙。荫山街上的邮局、旅馆、影剧院等具有特色的服务设施，构成了“天上街市”的特色，白色的砖墙、砖瓦的房屋，具有独特的自然美。

莫干山曾有许多著名人物到访。上横路 126 号皇后宾馆是毛主席在莫干山考察期间的落脚点，140 号是浙西特委机关的办公场所。如周恩来、陈毅、郁达夫、巴金、郭沫若、蒋介石、汪精卫、张静江、杜月笙、黄郛、周建人等也都曾到过莫干山。

（三）政策支持

近年来，莫干山镇牢固确立“绿水青山便是金山银山”的理念，用好各类政策（见表 6），坚定“生态立镇，旅游强镇”战略不撼动，以建成全球一流山地度假典型目的地为总体目标，根据高档旅游度假、文化创意、休闲农业、体育产业四大支柱为核心内容的旅游发展产业格局，着力发展生态经济和体育旅游产业。2020 年，莫干山镇共计登记在册民宿 547 家，年内累积接纳旅游者 230 余万人次，实现旅行综合总收入近 25 亿元，2021 年接纳旅游者 240 万人次，实现旅行综合总收入 22 亿多元。农村居民人均可支配收入达 4.2 亿元，比十年前提高了四倍多。莫干山镇曾先后获得中国第一批国家特色乡镇、全国环境最优美城镇、中国国际乡村度假旅游目的地、全国美丽宜居小镇、国家卫生镇、乡村旅游重点乡镇、国家体育旅游示范基地、全国群众体育先进单位、全国体育旅游十大目的地、浙江第一批文化旅游风情乡镇、省级休闲农业和乡村旅游示范镇、浙江特色农家乐示范镇、浙江省最美森林古道等称号，并被《纽约时报》选为世界上最应该去的45个地区之一，并举办了第一届联合国地理信息大会、中国基层党建座谈会、国际乡村旅游发展大会等重大会议。

表6　政府出台扶持政策（部分）

层级	出台方及文件名	内容
国家级	中央一号文件《中共中央　国务院关于实施乡村振兴战略的意见》	大力发展乡村休闲旅游产业，扎实推进脱贫攻坚，塑造美丽乡村风貌。
	《国务院办公厅关于进一步促进旅游投资和消费的若干意见》	实施乡村旅游提升计划，开拓旅游消费空间；坚持乡村旅游个性化、特色化方向发展；完善休闲农业和乡村旅游配套设施；开展百万乡村旅游创客行动。
省级	浙江省人民政府办公厅发布的《浙江省旅游业发展“十四五”规划》	全面提升乡村旅游，创建全国乡村旅游重点村镇100个，全国乡村旅游融合发展示范区20个。到2025年，全省乡村旅游年营业总收入达到700亿元以上。
市级	《湖州市乡村旅游促进条例》	市、区县人民政府应当推进旅游与农业、文化、科技、体育等产业融合，支持乡村旅游新产业、新业态发展。
	《湖州市旅游业发展“十四五”规划》	以深挖湖州地域特色，展示文化内涵，建设最具旅游体验感的中国江南文化体验中心和满足国内国际未来需求的乡村旅居生活业态，打造中国现代乡村旅居生活典范的国际乡村度假中心。
县级	《德清县人民政府关于促进全域旅游产业发展的十条意见》	鼓励乡村民宿品质发展。
	德清县人民政府印发《德清县旅游业发展“十四五”规划》	加快旅游赋能乡村，全面提升乡村环境，加强村庄景区规划、历史文化挖掘、旅游业态招引，全面提升大莫干山镇村旅游一体化发展，大力促进村级集体经济壮大和农民增收，助力乡村振兴，实现共同富裕。

二、莫干山乡村旅游发展模式

（一）商业模式

推行“旅游+”模式，打破“门票经济”，实行低门票政策，通过莫干山景区核心吸引物形成引流效应，吸引游客，增加其他产业经济收入。丰富相关服务项目，拓展旅游消费方式。由于增加了旅游者在住宿、农业、文创、商品及小吃等方面的消费，以旅游者的消费促进了小镇的经济社会发展。当地政府还斥资对镇区老街实施了民国风貌改建，并引入了旧式摄影馆、布鞋店、老酒馆、咖啡厅等具有怀旧气息的新业态，还新建了小型画廊、VR体验室、复古钟楼等建筑物，洋家乐、农家乐、小吃、酒吧、文创、商铺等多元化的消费，让游客获得了良好的生活体验感和愉悦感，并满足了游客更多样化的消费需要。以民宿为品牌，实现了共享经营。除却相关人才的自主创新之外，在传统农副特产的生产加工背后，还连接了种植和养殖业，利用良好的生态环境推进生态农业发展，开展体验型农业。打造高端民宿业，创造高端民宿品牌，以品质赢得口碑。在食物的小吃制作等方面，通过现做现卖的形式，使参观者可以观察食物的制作流程，以及拥有自己的食物生产车间，以此保证食物的质量。

（二）管理模式

创新“政府部门+企业+协会+农民”管理模式，当地政府引领中小企业和农民积极参与进来，宏观调控，这一管理模式实质是政府部门引领下的“中小企业+农民”模式：由莫干山镇政府招商引资，利用村镇商业银行开展信贷，同时吸纳了大量外资和旅游企业参股进行投资开发，并结合市场需要，结合旅游总体规划，确定开发的地点、开发内容和开发时机，引导当地的农户参与开发，在开发的过程中，当地的政府和旅游主管部门要发挥带头作用，同时要做好指导和引领工作。成立民宿协会，出台民宿标准，通过政策导向高端民宿业发展，民宿协会负责对民宿商户进行有效的管理，并负责维护和修缮各自的传统民居，对民俗文化进行有效的传承。由地方政府部门实施合理的发展计划，农民积极投入旅游开发，旅游企业迅速发展，以实现政府财政受益、公司投资保值、农民经济增值的目标。由当地农户或村庄和外地投资商共同承建的乡村旅游发展有限责任公司，旅游运营与管理完全由公司经营，收益主要由农户（乡村旅游资源所有者）与外地投资商之间按一定的比率分成，除此之外，农户们也可利用自设民宿向旅游者提供的食宿、用餐等服务，来获得一定利润。该模式降低了财政对旅游发展的投资，让本地村民切实获得了实惠，降低了旅游经营单位的监管难度，创造了良性的宏观开发环境。通过投资方式的不断创新，丰富参与方式，增强农民参与旅游经营的积极性。

（三）产业模式

莫干山镇乡村旅游产业模式是由 5 大产业组合构成。除了旅游产业之外，还形成了旅游+民宿、旅游+农业、旅游+文创、旅游+体育的产业模式组合。

1. 旅游产业

充分挖掘莫干山及其周围的旅游资源，以康体、健身、民俗文化为主题，开发全域旅游产品。利用莫干山风景区，建设国家户外生态体育基地，建设莫干山国际登山健康步道。建设“环莫干山”旅游线路，连接莫干山周围的自然景观，山上山下互动发展。政府出资对原镇址街区实施了民国风貌改建，并引进了老式照相馆，布鞋店，老酒馆、咖啡店等具有怀旧气息的文化行业，还新建了小型美术馆、VR 体验室、复古风情钟塔等。通过举办节日、全球自行车比赛、越野登山等文化节庆活动，提升莫干山的知名度，打造全球休闲旅游品牌。

2. 旅游+民宿

莫干山镇通过引进多元主体式的住宿业态，逐步建立起了全国民宿行业的发展高地，已走过了外部人群投入、本土人群投入、当地政府主导的运营三个阶段。为合理指导住宿行业发展，德清县出台了《乡村民宿服务质量等级划分与评定》，将民宿分为三类：精品民宿、优品民宿、规范民宿。在民宿经营方面，政府和民间组织共同监督，从消防、环境污染、安全保护等方面出台了《德清县民宿管理办法》，从接待服务等方面制定具体的标准，进一步强化了对民宿管理的法律要求与指导，并建立了民宿发展工作领导小组，对民宿管理的各层面工作实施了督促检查。在用地政策上，对民宿企业采取“点状供地”方式，出让房屋落地的土地，以降低企业成本，并减少用地浪费。

3. 旅游 + 农业

通过优越的自然环境促进生态农业建设，逐步建立有机循环农村生态体系，积极挑选优质有机农作物，一部分向国外出口，开展有机蔬果宅配业务，另一部分开展加工销售与二次生产，或进行当地销售。开发了部分景观耕地，开展农耕体验，发扬农耕文化。同时，通过土地承包经营，发展生态均衡的自给自足产业链，将多余的农副产品向国外出口，逐步建立起了生态农业可持续发展模式。

4. 旅游 + 文创

深入挖掘莫干山的人文历史文化底蕴，带动地方文化创意产业的蓬勃发展，建立莫干山大庾村 1932 文化园，将 1936 蚕种厂改建为文化小镇，引进艺文博物馆、设计工作室、主题餐厅旅馆等文创业态，打造出具有人文内涵与复古气质的设计创新项目，并展售地方特色竹、茧丝绸等传统手工艺术产品，以促进地方文化创意产业的蓬勃发展。建设国际影视文化创意小镇，挖掘民国文化特色文化建筑资源，建立青年影视人的文化创客基地，承办世界影展，建立国际化的影视比赛与颁奖基地。

5. 旅游 + 体育

莫干山镇以运动、健身、文化、旅游观光等为主要特色，努力探索发展体育户外运动休闲、马术文化的新方式，以促进生产、生活和生态整体质量的提升（见表 7），重点建设极限运动培训基地、久祺国际骑行营、莫干山山道速降场，以及“象月湖”户外运动休闲培训基地。利用体育产业的传统资源优势，莫干山镇还将推出“运动 + 旅游”的产品，在长江三角洲形成户外运动休闲体育品牌，以引领高端体育旅游市场，并大力开户外运动，包括极限探险、越野山地自行车、登山和马拉松等，有效地将旅游资源与体育项目有机融合。

表7 莫干山“旅游+体育”特色分析

类别	旅游景观	特点	适合开展的运动项目	特色小镇享用的资源
莫干山自然条件	竹海胜景	这里竹海如林芳草如茵	林间越野赛道休闲古道	莫干山国际竹海马拉松赛
	甘泉秀水	水域宽敞、风景河段、漂流河段	皮划艇、漂流、龙舟等	高空水上溜索，皮划艇
	山群峡谷	绵延不断的磐石台阶	攀岩户外拓展项目	Discovery 探索极限基地
	山脚平原	地面宽敞	露营	热气球起飞地，房车露营
莫干山人文条件	历史古迹	名人别墅、白云山馆、佛寺、教堂	无	无
	社会民俗	传统年俗	舞龙舞狮传统项目体验	无

三、乡村旅游核心吸引物——“洋家乐”高端民宿

莫干山村“洋家乐”的兴起要追溯到2007年，在上海市进行传媒工作的南非人高天成（中文名），在劳岭村三九坞租用了当地人已荒废的老农舍建设的“洋家乐”。莫干山也因此被《纽约时报》列为“世界上最应该一去的45个地点”之一。由此，在莫干山区逐渐出现了以裸心谷、法国山居为代表的“洋家乐”产品。与此同时，针对“洋家乐”的蓬勃发展，本地居民和各路投资者也争相效仿，争相投入兴建各种形式的民宿实业。由于有着自己的民宿名牌“洋家乐”，使莫干山农家住宿具有了和别的地方的住宿截然不同的风味与特点，这也代表着在德清莫干山的民宿实现了质的飞越，充分发挥依托长三角的中心都市资源优势，以住宿业态为基础促进农村观光和乡村产业的蓬勃发展。莫干山民宿成为农村观光的高端形态和全国住宿业态发展的龙头，借助城市庞大的客流量和消费力，在莫干山农村旅游中形成了一个爆点，并取得了一定的成功。“洋家乐”高端民宿具体措施：

（一）旅游客源市场的精准定位

莫干山洋家乐的客户主要定在中高端客户，一般费用都是一千多元 / 日 / 人以上，而且主要都是外企职员以及国际友人。例如，通用电气公司等全球五百强的美国企业、LV 等的高层经常在这里聚餐度假。由于客源市场档次很高，所以在推广方式上也就有了针对性，如聘请全球著名高级刊物《福布斯》《金融时报》《朝鲜日报》等国际新闻媒体的记者、编辑们齐聚此地，就旅游产业情况展开交流研讨，借此来引起行业人员的重视，对莫干山洋家乐的声誉度与品牌也起到了极佳的宣传效果。

（二）低碳和休闲理念的全方位体现

莫干山“洋家乐”的最大吸引力在于原生态，主要体现在如下多个层面：一是农村住宿客栈的建筑原生态化，所用的物品全部使用自然原生材质，包括石块、树木、竹子等，同时保留了夯土的墙体、用茅草的房顶等，使旅游者充分体验回归田园、纯朴恬静的旅游感受。二是低碳环保的设计思想，室内不供应毛巾、也不可以抽烟，大部分卧室都不用中央空调，也只供应电风扇，但各个卧室设置有小火炉，门前的蓄水池可以接纳降雨，回收利用。

（三）服务接待系统与基础设施配套完善

与外部环境的原生态特性相应的，是洋家乐内的接待设施和基础设施的高度现代化。“洋家乐”区分于“农家乐”的最本质之处就是大自然和现代技术的融合。接待场所与基础配套十分齐备，服务设施十分完备，环境卫生条件也非常好，而且室内装潢价值不菲，几乎每间房的室内装修价都在 50 万 ~100 万元，完全迎合了中高档旅游者的度假娱乐要求。

（四）活动设计体现民俗特色

游客的体验与感受也是莫干山洋家乐的主要吸引力之一，在旅游项目设置方面让游人体验“采菊东篱下，悠然见南山”的怡然自得，除中国传统乡村农家乐的垂钓之外，洋家乐中还添加了马术、瑜伽和西方文化的一些户外活动，这些中西融合的项目设计也深受年轻人的喜爱。另外，也让游人更加了解中国本土的传统民俗文化。根据我国的传统节日，莫干山洋家乐设置了不少关于“过中国春节”的互动项目，包括外国游客和中国人共同包粽子、吃年夜饭等项目。而每年圣诞节期间都会举行派对，使游人切身地感受我国的传统节日文化和中西方文明的相互碰撞，更是增加了游人的体验感和兴趣。

四、莫干山镇乡村旅游实践

（一）保护生态，走可持续发展之路

生态振兴是乡村振兴的前提和基石，如果没有良好的自然环境，产业无论如何发展壮大都是一个空谈。莫干山始终秉承“绿水青山便是金山银山”的发展理念，从2005年开始，就在全国率先推行了生态补偿机制，用三年时间关停了全镇所有百余家涉水污染企业和108余家牲畜养殖户，为绿色生态产业的发展壮大打下了基础。

（二）打破条件限制，不断改革创新

为更多地运用农村闲散资源发展文化观光休假等新产业，在“洋家乐”的示范性引领下，探寻新的集体土地使用方式、集体财产股份制分配方式等有效地破解了限制三产开发中的耕地、所有权等因素，为莫干山率先开发乡村旅游业创造了新的契机。

（三）利用政策引导年轻人回乡就业

人才是乡村旅游发展的关键，莫干山镇不断加强基础设施建设，加强教育教学，加快乡村环境建设，让更多的年轻人回到家乡就业创业。同时制定优惠政策，提供好优质的创业平台，打造培训平台、网络平台、金融平台、服务平台，开展创业大赛、项目库等活动，让青年人能够在农村得到发展，增加收入，吸引大批年轻人回乡就业创业。

（四）出台技术规范，提高行业标准

2015年德清县政府以莫干山镇为实验样板，在国内外第一个颁布了全县性乡村民宿地方标准，使乡镇民宿走入了规范性、标准性和专业化的道路。以标准为引导，又成立了国内外第一所乡村民宿设计学校，为乡镇旅游发展进行了行业引导、技术培训和标准化管理的咨询服务。另外，创建了莫干山住宿行业协会，进一步强化了产业自治。

（五）加强政府投入力度，巩固经济发展基础

莫干山镇实施专项资金，增加了乡村旅游建设投资。采取以财政为主，社会参与的投资模式，高效整合农村各种资源。积极调整投融资政策，改善营商环境，吸引外资，计划对乡村旅游项目投资上百亿元，对乡村旅游发展起到了重要的促进作用。

五、莫干山乡村旅游发展启示

（一）保护和开发并重是发展乡村旅游的途径

保护和开发不能偏废任何一方，要在坚守保护底线的前提下，解放思想、守正创新，深刻挖掘旅游资源，加大投入解决好旅游通达能力，精准定位找准卖点，讲好故事打造亮点，把青山绿水变成的金山银山，走出一条保护和开发相得益彰的旅游开发之路。

（二）人才是发展乡村旅游的关键

乡村旅游产业是劳动密集型产业，人力资源是开发乡村旅游最重要的资源。充分发挥政府的主导作用，加强旅游人才队伍建设，建立完善对各级地方政府在培养、引进、留用等措施方面的管理和考核机制。政府要把健全乡村旅游人才工作体制机制落到实处。坚持持续优化、美化乡村环境，进一步加强乡村医疗、卫生、教育、康养、娱乐、信息化等基础设施建设，为人才提供良好的工作、学习和生活环境。各级政府要激励引导乡村企业和参与乡村旅游的各类经营部门主动支持并参与乡村旅游人才的培养工作，协同推进各类人才匹配政策，吸引和培养更多乡村旅游人才，为乡村旅游发展注入新的活力。

（三）政策和制度是发展乡村旅游的保障

政策和制度是发展乡村旅游的有力推手，乡村旅游中一些新兴事物发展到一定阶段必须要有政策和制度的约束才能步入规范化正轨。政策和制度的出台，能够提高乡村旅游经济在地方产业中的地位，改善乡村旅游发展的政策环境，扩大乡村旅游发展的范围，从而进一步推动乡村旅游的发展。

案例七　强化景区带动优势 深耕乡村旅游市场

——内蒙古鄂尔多斯市九成宫村依托景区发展乡村旅游

内蒙古自治区鄂尔多斯市东胜区罕台镇九成宫村，地处东胜高原脊梁地带，距市区 9 千米，是依托九城宫旅游度假区[①]的乡村旅游典型单位。九成宫村经过全体村民的艰苦努力，2002 年建成人与自然和谐相处的九成宫绿色生态园，2005 年通过国家 3A 级景区评审成为国家农业旅游示范点，2019 年其入选第三批中国少数民族特色村寨。目前建成的九城宫旅游度假区已成为国家 4A 级旅游景区。

一、具有优质的乡村旅游资源

（一）丰富的地理资源优势

九成宫村所属罕台镇区域面积 529.3 平方千米，下辖 13 个行政村，109 个村民小组，总人口 18425 人。镇村公路网络基本形成，交通十分便利，是东胜区蔬菜生产和农畜产品的开发基地，在东胜区城市体系规划中占有卫星镇的战略地位。

罕台镇有农业耕地面积 3.2 万亩，人均 1.7 亩；可利用草地面积 28.6 万亩，

---

① 九城宫旅游度假区以农耕文化、黄河文化与游牧文化等融合发展形成了“漫瀚文化”，拥有“塞外草原生活，休闲避暑度假，民俗风情体验，研学旅行拓展，漫瀚文化演艺，冰雪运动游乐”六大核心产品，十多个特色区域，上百个文化旅游项目，形成了全年不停歇、四季皆可游的漫瀚文化旅游小镇。

林地面积44.3万亩，粮食作物以玉米、薯类为主。罕台镇畜牧业以饲养生猪、羊、牛为主；罕台镇特色养殖业主要依托三个奶站发展养殖奶牛和肉牛，以及养殖獭兔，已建成九成宫村肉猪养殖示范小区，注册“罕台川”牌育肥猪；特色种植业是以白灵菇和鸡腿菇为主的食用菌种植和九成宫绿色无公害蔬菜；特色餐饮业是以经国家商标局注册的“手指羊”为主的绿色餐饮业。罕台镇工业已形成以绒纺、煤炭为主的工业体系，重点规划绒纺厂、制药、酒业、食品加工等新型产业集群。

2019年10月，罕台镇入选“2019年度全国综合实力千强镇”。2020年7月29日，罕台镇被全国爱国卫生运动委员会命名为“2017—2019周期国家卫生乡镇（县城）”。2021年9月入选“2021年全国千强镇”。

（二）历史悠久的文化底蕴

九城宫历史悠久，文化底蕴深厚。“九城宫”主要和“九成功”“九成宫”及“九城宫”关联性大，主要体现在：①“九成功”是一个地名，相传秦朝时期大将蒙恬修筑“秦直道”时在此建驿站，与匈奴首领谈判十有九次成功，“九成功”地名由此而来；②“九成宫”是商号名，秦朝时期商人蒙毅随军在九成功村建立商号，进行文化传播和开展商贸活动，商号名为“九成宫”；③“九城宫”是宫殿名，相传是西汉时期王昭君出塞后休闲避暑之处，遂将此地命名为“九城宫”。

（三）独特的建筑和民族艺术特色

1. 建筑风格

九城宫主体建筑充分体现了鄂尔多斯蒙汉人民的历史居住习惯。由于鄂尔多斯市常住人口中少数民族主要是以蒙古族为主，汉族人口的祖籍主要是陕北和山西，故九城宫主体建筑以蒙古包、窑洞、四合院为主，其中四合院融合了草原民族文化和汉族文化，形成鄂尔多斯特有的漫瀚四合院文化建筑。

2. 民族艺术

九城宫演艺团队——艺术团的主要艺术形式有蒙古族歌舞、陕北民歌舞蹈、山西晋剧二人台和蒙汉文化交融形成的漫瀚调、漫瀚剧，与九城宫主体建筑共同展现独具特色的鄂尔多斯民风民俗。2020年冬季，九城宫以“脱贫攻坚”“乡村振兴”“民族团结”“铸牢中华民族共同体意识”等政策为指导思想，以“草原漫瀚文化”为核心，以草原漫瀚文化艺术中的漫瀚调、二人台、陕北民歌、蒙古族歌舞等元素为舞台表现形式，以鄂尔多斯地区、晋陕蒙交界黄河两岸的民风、民俗及农村生产、生活场景为创作背景，倾力打造了《漫瀚梁上一台戏》系列剧第一部《漫瀚沟里的爱情》。该剧以朴实、逼真、唯美的剧情，在真实反映本地区农村生活状态、民俗人文精神和民族团结热情的同时，讲述了漫翰沟里一对年轻人曲折的爱情故事及他们为美好爱情、幸福生活奋斗的故事。

二、九城宫乡村旅游的格局构建

（一）核心产品

九城宫有“塞外草原生活、休闲避暑度假、漫瀚民俗风情体验、研学旅行拓展、漫瀚文化演艺、冰雪运动游乐”六大核心产品。以春韵、夏爽、秋实、冬雪为主题，推出春季休闲踏青、夏季避暑度假、秋季采摘登高、冬季冰雪养生的旅游活动。结合当地特点组织风筝旅游节、游牧篝火文化节、旅游啤酒文化节、金秋丰收节、鄂尔多斯冰雪旅游文化节、鄂尔多斯冰雪那达慕、鄂尔多斯多斯冰雪嘉年华、杀猪菜美食节、灯游圣会元宵文化节等节庆活动。

正在打造的是将中原文化、黄河文化和北方少数民族等文化融合，形成以独特的“漫瀚文化”为核心，集文化体验游、休闲度假游、乡村民宿游、生态和谐游、研学知识游、康养体育游、四季冰雪游为一体的漫瀚文化特色浓郁的旅游综合体——草原漫瀚小镇。

（二）主题产品

伊克汗草原。伊克汗草原是以铸牢中华民族共同体意识为主线，以展现新时代民族团结风貌为目的建设的主题园区，园区内坐落着建筑风格各异的 9 个部落和 1 个营盘，全面展现在以习近平新时代中国特色社会主义思想指导下，各民族手足相亲、守望相助，为实现中华民族伟大复兴而不懈奋斗的使命担当和精神风貌。

漫瀚四合院文化主题酒店。漫瀚四合院文化主题酒店是将京、晋、徽派四合院建筑文化与北方少数民族地域文化巧妙融合，是鄂尔多斯特有的漫瀚四合院建筑。酒店内有家庭套房、豪华套房、豪华标间、豪华单间等多样房型，酒店配有游泳池、会议区、餐饮区、休闲区、游乐区、生活区等，可容纳 700 多人同时住宿。

恬园。恬园是四进四合院，典雅回廊、别致喷泉、鲜花绿树清幽迷人，园内设有豪华套房、棋牌房、豪华标间、豪华单间等多样房型以及三个高档会议室。

馨园。馨园是两进四合院，古色古香的客房设置，让您可以直接埋首于舒适的床榻，在古韵环绕中进入甜甜梦乡。集餐饮住宿、休闲度假、娱乐怡情于一体的封闭院落，有古琴亭、餐厅、豪华套房、皇家影院、书画室等区域，园内琴音阵阵、流水淙淙，勾勒出一幅南国风光的绮丽风景，假山、喷泉，盆景、绿植，古琴、奥运缶、金丝楠桌椅，古朴典雅、魅力独具、尊贵独享。

荣园。荣园为两层三进四合院，院内廊腰缦回、梁柱彩画绚丽，古朴典雅，内有家庭套房、豪华标间、研学宿舍等各类房型，并配套图书馆、研学教学区、休闲区、生活超市等项目，荣园同时也是九城宫研学集散中心，提供研学教育、研学资讯、研学资源、师资培训、媒体推广等研学旅行综合服务。

国窖 1573、泸州老窖酒体验馆。国窖 1573、泸州老窖酒体验馆是封闭院落，以展示、储存、品鉴的方式展现中华白酒文化的悠久历史，设有白酒文化展示厅、传统文化体验室、大师定制室、百人宴会厅、藏酒窖等主题区域，形成琴棋书画、香花茶乐、美酒佳肴、清雅古朴的馆内风景。

圆缘客栈。圆缘客栈是鄂尔多斯市地区首家洞穴式休闲度假酒店，顺应地形而建，形如洞穴，每个房间风格各异，独具特色，点缀于丛林之中，窗外是天然氧吧，出门是恬静悠然，满眼是绿色芬芳，早起有鸟儿相伴，夜晚有月光同行。宿于其中，仿佛置身于大自然的怀抱之中。

火车营地。火车营地是鄂尔多斯地区首家以“火车”为主题的研学、休闲营地，配套设施完善，主题新颖，是休闲度假与研学主题课程开展的首选之地。

大食堂。大食堂是集温室风光、园林花卉于一体的新型生态餐厅，有 22 个风格各异的雅间和大厅，可同时容纳 800 人就餐，可举办各种商务宴会、私人宴请、婚庆宴会等，菜品主要有“老口味”农家菜和绿色生态餐，食材自养自种，味道原汁原味。

农业观光采摘园。农业观光采摘园是全国休闲农业与乡村旅游示范区，有香蕉、莲雾、木瓜、草莓、油桃、西瓜、五彩小柿子等珍、稀、特果蔬。露天种植桃、杏、玉米、向日葵、土豆、萝卜、各类果蔬等，供游客采摘，并设有亲子厨房体验区、科技农业展示区、农耕文化展示区等特色区域。

青青世界。青青世界是郁郁葱葱的天然氧吧，住木屋、泡酒吧、看演出、吃烧烤、真人 CS、唱 K、野炊、垂钓、拓展……体验悠闲时尚的慢生活。

铁牛梦栖园。铁牛梦栖园是由 21 辆房车组成的户外主题营地，拥有粉红沙滩池、儿童攀岩墙、自助烧烤炉、柴锅炖肉灶、户外清洗池、户外休憩亭、室内 KTV 等配套设施设备，场地内设有自助烧烤区、自助炖肉区、帐篷露营区、美食小吃区、锦鲤投喂区、互动演艺区、儿童游乐区、桌游主题区等项目区域，是集观光游览、户外烧烤、特色美食、休闲娱乐、互动演艺为一体的综合性休闲度假区域。玻璃吊桥在九城宫国际滑雪场的上方，全长 300 多米，惊心动魄；玻璃漂流从九城宫国际滑雪场高级道的顶端出发，一路蜿蜒曲折，到达九城宫游泳池旁，全长 1000 余米，这两个新项目于 2019 年 6 月 1 日正式运营。此外还有快艇、摩托艇、脚踏船、电瓶船、水上碰碰船、充气跳跳船等丰富多彩的水上乐园娱乐项目，让游客与水亲密接触。

（三）多元化的旅游规划设计

窑洞体验。漫瀚沟位于陕北人家窑洞民宿区域，是漫瀚农耕文化展示区。窑洞是历史悠久的古老住宅形式，冬暖夏凉，舒适宜居，主要分布在黄土高原的晋蒙陕甘宁一带。清朝光绪年间，鄂尔多斯东胜区境内允许放垦土地，陕西神木、府谷的刘氏、丁氏和王氏等九户农民“走西口”来到这里生活，他们在此靠崖打了 9 孔土窑洞居住。中华人民共和国成立后，随着社会经济的发展，这里的土窑洞被砖瓦房代替从而被废弃。2013 年，在窑洞旧址的基础上箍砌恢复建筑了 9 孔窑洞，成为今日的陕北人家窑洞民宿。陕北人家窑洞在恢复建设时集中体现了传统的火灶取暖、棋盘炕向阳、耳阁窑尊享、一进两开窑富裕的多样建筑形式和生活习惯。还原固有的环境与场景，重现儿时的玩耍游戏，呈现当年的歌舞演艺，更有农田菜园里自产的健康美味。现在的陕北人家窑洞民宿碧水蓝天、绿树成荫、鸟语花香、狗吠鸡鸣、青烟缭绕，是恬静、悠然、神怡的雅居名宿。陕北人家窑洞民宿传承先辈的窑洞艺术和智慧结晶，展现独特的民俗文化和黄土地的别样风情，仿佛向游客讲述着黄土地上农民勤劳、憨厚、朴实的故事。

中华传统优秀文化体验。主要以中华乾坤坛民俗文化区体验为主，该文化区是弘扬中华优秀传统文化的主题区域，让广大游客和市民在参观游览中树立正确的世界观、人生观、价值观和审美观。党的十八大以来，九城宫坚持以习近平总书记关于弘扬中华优秀传统文化的重要论述为精神指引，以“中华乾坤坛”传统文化主题区域为依托，以中华优秀传统文化为发展基础，牢筑中华民族的“根”与“魂”。中华乾坤坛传统民俗文化区由灯游会（九曲黄河阵）、乾坤坛、三圣堂组成。“天行健，君子以自强不息；地势坤，君子以厚德载物”，炎黄子孙自古敬仰日月天地，故称“中华乾坤坛”。大戏院是一个传统特色鲜明、功能齐全的文化演艺场所，雕梁画栋，飞檐脊兽，古朴大气。九城宫艺术团在这里上演的蒙古歌舞、陕北民歌舞蹈、山西晋剧二人台、蒙汉文化交融形成的漫瀚调以及篝火晚会情景剧，生动展现鄂尔多斯的多元一体的民风民俗。

研学体验。主要以九城宫研学旅行营地为核心，该营地是鄂尔多斯地区最早开展研学旅行教育的培训营地之一，师资力量雄厚，专注培训 10 余年，是“鄂尔多斯东胜区青少年综合实践基地”和“东胜区研学旅行教育营地”。配套各类完善的基础、接待设施，可同时接待 1500 人住宿就餐，有丰富的研学课程，已成功接待来自北京、上海、广州等地多家学校和机构万余名中小学生。目前，设有研学旅行、青少年综合实践和冬夏令营 3 大类课程，开展研学旅行、团队建设、水上拓展、高空拓展、真人 CS、野外穿越、户外生存、帐篷露营、亲子活动等寓教于乐的培训与拓展教育项目。高品质的课程内容、深刻的体验式教学、优秀的培训老师及独特的企业品牌魅力，可满足不同种类的拓展培训需求。

三、九城宫乡村旅游产业发展带动一方经济

一是“村企联动”——带动周边农牧民致富增收。近年来，九城宫充分发挥自身文化旅游产业资源优势，以旅游区和周边村（社）互为联动载体，大力构建“村企联动”模式，积极带动农牧民致富增收。通过与周边农牧民签订订单合作回收协议，给农牧民以种养殖规划指导，让农牧民定向种植、养殖具有本地特色、游客喜爱的农作物和牲畜，并以高于市场价收购包销，联动30多户农牧民参与。“村企联动”的致富帮扶模式，在保障企业农副畜牧产品优质供给的同时，有效提升了小农户对接大市场的能力，为周边农牧民带来了可观的收入，此举每年可带动农牧民创收100多万元。

二是“共建共赢”——推动村集体经济持续发展。2019年起，九城宫拿出盈利能力较强的项目，以资金投入、委托管理、固定分红等入股模式推动与周边村（社）的精准联结，分别与九成功村、布日都梁村、灶火壕村签署九城宫滑雪场、伊克汗草原、圆缘客厅、玻璃天桥、玻璃漂流等项目的村集体经济专项资金入股合作协议书，以保本分红方式壮大周边村（社）的村集体经济收入，此举使九成功村集体每年可得分红12万元、布日都梁村集体每年可得分红15万元、灶火壕村集体每年可得分红15万元。“共建共赢”的合作方式，在稳步推动村集体经济持续、健康发展的同时也在为助力乡村振兴做出积极贡献。

三是“就业帮扶”——多渠道并行助力乡村振兴。多年来，九城宫始终不忘企业使命与各项社会职责，积极地向周边村（社）的贫困户进行捐资捐赠、贫困子女入学、提供就业岗位等慈善帮扶，荣获“内蒙古农牧产业化重点龙头企业”“内蒙古自治区服务业聚集区”“鄂尔多斯市级扶贫龙头企业”“鄂尔多斯市百企帮百村精准扶贫行动爱心企业”等几十项荣誉称号。

为扎实推进“巩固脱贫攻坚成果”与“乡村振兴”有效衔接，九城宫采取“岗位安置”“合作经营”等多渠道并行的方式开展就业帮扶，助力乡村振兴，积极帮助有劳动能力、有就业意愿的周边村民实现就地就业。多年的发展中，九城宫累计带动直接、间接务工就业人员1000多人，累计支付劳动报酬3000

多万元；同时，九城宫将适合村民经营的小规模项目（绿化养护、花草种植、环境美化、养殖、环卫、小农田种植等）转让或承包给周边村民，由旅游区统一进行规划、管理，每个项目每年也可获利 5 万 ~10 万元，通过就业帮扶实现了农村劳动力的有效转移。

九城宫正继续积极履行社会责任，进一步引导周边农户、村集体与九城宫的密切合作，以旅游区的各项资源优势和各类乡村节庆活动的举办为平台，引导农牧民参与到乡村文化旅游产业发展中，积极推动周边农户实现传统农业向休闲农业、农产品向商品、农民向服务业从业者的有利转变，为夯实美丽乡村建设根基，助推乡村振兴战略实施做出更大贡献。

主要参考文献

［1］Lesley Roberts，Derek Hall.Rural Tourism and Recreation：principles to practice［M］.CABI Publishing，2001.

［2］María R，Perales Y.Rural tourism in Spain［J］.Annals of Tourism Research，2002（4）.

［3］［美］阿兰贝里．现代大众旅游［M］．谢彦君，译．旅游教育出版社，2014.

［4］安徽大学农村改革与经济社会发展协同创新中心课题组．乡村旅游：中国农民的第三次创业［M］．中国发展出版社，2016.

［5］安晓颖．乡村旅游背景下精品民宿的经营策略探讨［J］.产业创新研究，2021（23）.

［6］白聪霞．新时期乡村旅游发展问题研究——以南太白山为例［D］．西安建筑科技大学，2008.

［7］包尚友，刘庆元．小南村与蝶共舞梦桃源［J］．农村工作通讯，2013（10）.

［8］北京巅峰智业旅游文化创意股份有限公司课题组．图解乡村振兴战略与旅游实践［M］．旅游教育出版社，2018.

［9］北京市农村经济研究中心.2017 北京市农村经济发展报告（第四分册：休闲农业与乡村旅游）［Z］.2018.

［10］蔡家成．对发展新疆和兵团乡村旅游的思考［N］．中国旅游报，2018-4-10（3）.

[11] 曹洪珍，王静 . 大连旅顺小南村乡村旅游发展对策研究 [J]. 现代商贸工业，2015 (22).

[12] 曹洪珍，张晓翰 . 大连小南村乡村游网络营销策略研究 [J]. 边疆经济与文化，2015 (12).

[13] 陈必玉 . 莫干山民宿品牌传播研究 [D]. 南京理工大学，2021.

[14] 陈灿，黄璜 . 休闲农业与乡村旅游 [M]. 郑州：河南科学技术出版社，2018.

[15] 陈鸿雁 . 融入文化元素创新发展维度——对北大荒集团发展乡村旅游、休闲农业的思考 [J]. 中国农垦，2020 (7).

[16] 打造莫干山民宿产业集群的启示 [J]. 上海企业，2021 (11).

[17] 大连市人民政府 . 大连市文化和旅游发展“十四五”规划 [Z].2021.

[18] 戴振 . 基于文化消费的袁家村旅游商业空间生长模式研究 [D]. 西安建筑科技大学硕士论文，2017.

[19] 单文文 . 村级组织在乡村旅游发展中的作用及优化路径分析 [D]. 安徽师范大学，2021.

[20] 德清县人民政府 . 德清县旅游业发展“十四五”规划 [Z].2021.

[21] 丁晓，黄蔚艳 . 乡村节庆旅游发展研究 [J]. 农村经济与科技，2016 (17).

[22] 杜珉 . 节庆民俗视野下探究广府庙会形成发展与创新 [A] // 广东省民俗文化研究会 . 民俗非遗研讨会论文集 [C]. 广东省民俗文化研究会，2015.

[23] 范震宇 . 浅谈乡村旅游餐饮特色产品的创新开发 [J]. 中国商论，2015 (20).

[24] 干永福，刘锋 . 乡村旅游概论 [M]. 北京：中国旅游出版社，2017.

[25] 高文香 . 乡村旅游餐饮产品创新开发研究 [J]. 重庆与世界（学术版），2014，1 (12).

[26] 高英英 . 东港区休闲农业乡村旅游发展现状与展望 [J]. 基层农技推广，2017 (2).

[27] 葛丹东，王虹 . 景区小镇由服务型向自主发展型转变策略研究——以

浙江省德清县莫干山镇“洋家乐”发展模式为例［J］. 建筑与文化，2015（2）.

［28］巩艳明，何小凡，曾祥伟，张海珍，张天柱 . 农业嘉年华商业模式创新的研究与启示［J］. 农村经济与科技，2020（13）.

［29］郭晓霞 . 山西省娄烦县乡村民俗旅游开发模式研究［D］. 山西师范大学，2021.

［30］韩英 . 乡村旅游经济的发展与新农村建设研究［J］. 农业开发与装备，2021（10）.

［31］韩长斌 . 在 2017 全国休闲农业和乡村旅游大会上的讲话［N］. 农业日报，2017-04-13（1）.

［32］何芳，胡意翕，刘嘉容，等 . 宅基地人地关系对村庄规划编制与实施影响研究——以上海为例［J］. 城市规划学刊，2020（4）.

［33］何芳，胡意翕，刘嘉容 . 宅基地人地关系对村庄规划编制与实施影响研究——以上海为例［J］. 城市规划学刊，2020（4）.

［34］何锹渝，吴舒妍，周庆，等 . 基于共生理论的乡村红色研学旅游模式探索研究——以广东省梅州市雁洋镇雁上村为例［J］. 特区经济，2020（6）.

［35］菅泓博，段德罡，张兵 . 如何做好实用性村庄规划——基于非正规流转现象的观察与启示［J］. 城市规划，2019（11）.

［36］蒋丽波，王玲 .“互联网 +”背景下乡村旅游营销创新模式研究——以大连市小南村为例［J］. 商业经济，2019（5）.

［37］金松兰，李宇巾 . 乡村振兴视阈下民族地区节庆旅游发展路径探究［J］. 延边大学学报（社会科学版），2021（6）.

［38］邝玉春 . 重庆渝东南地区乡村节庆旅游发展对策研究［J］. 佳木斯职业学院学报，2018（12）.

［39］李建 . 大型城市商务酒店客户设计研究［D］. 湖南大学，2010.

［40］梁现瑞，王成栋，唐泽文 . 擦亮农业大省金字招牌——透视四川乡村振兴新信号［N］. 四川日报，2018-09-05（5）.

［41］辽宁省人民政府 . 辽宁省“十四五”旅游业发展规划［Z］.2021.

［42］刘明 . 社会主义新农村——小南村［J］. 政府法制，2011（23）.

［43］刘洋．乡村旅游背景下民宿发展对策研究——以北京市怀柔区 S 村为例［D］．西北农林科技大学，2021.

［44］刘育志，杜海玲．大连小南村乡村旅游发展路径研究［J］．边疆经济与文化，2019（1）．

［45］刘悦忻，高阳，刘路路，等．“以人为本”的村庄规划理念探索及其实践——以北京市大兴区朱脑村为例［J］．中国土地科学，2020（10）．

［46］刘运动．周口市庙会文化资源旅游开发研究［J］．漯河职业技术学院学报，2008（3）．

［47］楼嘉军，徐爱萍．休闲·旅游·民宿：观察与思考［M］．上海交通大学出版社，2017.

［48］卢雪玲，邱洁曼，陈宛仪，等．乡村文化旅游助力乡村振兴模式研究——以广州市从化区莲麻村为例［J］．中国商论，2020（13）．

［49］罗文斌，雷洁琼．基于 IPA 方法的乡村旅游景观质量评价研究——以长沙市为例［J］．湖南社会科学，2020（7）．

［50］骆洁，王龙，陈香香．基于乡村振兴视角的“农旅双链”发展模式研究：以六盘水市为例［J］．南方农机，2020（22）．

［51］马珊．咸阳市袁家村乡村旅游发展的可持续性调查研究［D］．甘肃农业大学，2018.

［52］孟璠．秦岭河谷型旅游乡镇用地及布局策略研究［D］．长安大学，2017.

［53］莫利民．基于民俗文化资源的乡村旅游开发研究［J］．农业经济，2019（10）．

［54］内蒙古自治区旅游发展委员会．全区旅游扶贫工作推进会会议材料［Z］，2018.

［55］内蒙古自治区文化和旅游厅.2018 年内蒙古自治区旅游统计年度报告［C］．2019.

［56］内蒙古自治区文化和旅游厅．内蒙古自治区旅游资源开发单位名录［Z］．2019.

［57］宁启文．首届全国休闲农业和乡村旅游大会在浙江召开［N］．农民日报，2017-04-13（1）．

［58］农业农村部乡村产业发展司．打造休闲农业产业高地——农业农村部开展全国休闲农业重点县建设工作［N］.2021.

［59］潘海颖，孙骏舟．社区增权影响居民支持乡村旅游发展的实证研究——旅游社区心理所有权的中介作用［J］．科技与经济，2020（3）．

［60］任美吉．莫干山特色小镇“运动＋旅游”融合发展策略研究［D］．宁波大学，2019.

［61］任荣．北京乡村旅游商品开发的思考［J］．投资北京，2008（8）．

［62］邵琪伟．中国旅游大辞典［M］．上海辞书出版社，2013.

［63］沈琛杰．莫干山民宿业发展对策研究［D］．浙江工业大学，2019.

［64］史寿山．现代乡村旅游［M］．广东旅游出版社，2017.

［65］田真．优质旅游背景下乡村文化创意旅游商品的开发研究［J］．当代旅游（高尔夫旅行），2018（10）．

［66］王兵．从中外乡村旅游的现状对比看我国乡村旅游的未来［J］．旅游学刊，1999（2）．

［67］王兰兰，刘雯昕，储德平．基于报纸媒体视角下的乡村旅游地形象研究——以陕西省袁家村为例［J］．资源开发与市场，2020（7）．

［68］王玉茹，杨济菡．中国共产党百年乡村治理：“乡土中国”到“城乡中国”——基于城乡关系的视角［J］．河北经贸大学学报，2021（4）．

［69］王云才，郭焕成，徐辉林．乡村旅游规划原理与方法［M］．北京：科学出版社，2006.

［70］魏后凯．深刻把握城乡融合发展的本质内涵［J］．中国农村经济，2020（6）．

［71］夏远利，曹方，武靖．基于乡村舒适性视角的徐州市汉王村乡村旅游发展路径探索［J］．扬州职业大学学报，2022（6）．

［72］向友艾．区域性乡村民俗旅游业发展对策研究［D］．重庆师范大学，2018.

［73］谢镕键，闭新英．增权理论视角下的民族村寨旅游扶贫研究——以“中国美丽休闲乡村”中廖村为例［J］．特区经济，2020（6）．

［74］谢影，杨春丽．生态农业与乡村旅游管理模式探索［J］．食品工业，2021（5）．

［75］徐虹，李瑾，李永森．天津市休闲农业与乡村旅游发展报告［M］．中国旅游出版社，2017.

［76］杨慧．乡村旅游文化资源开发路径探究［J］．旅游纵览（下半月），2020（2）．

［77］杨军．乡村旅游发展中民宿经营管理探讨［J］．全国流通经济，2022（20）．

［78］杨莉莉．莫干山镇的“美丽经济”［J］．城乡建设，2019（14）．

［79］杨鹿村．城乡一体化进程中广西旅游小城镇发展研究［D］．广西师范大学，2015.

［80］杨璐．乡村旅游背景下的红色文化保护与开发实践［J］．农村实用技术，2021（10）．

［81］杨晓敏．全域旅游视角下湖州旅游创新发展探究——以德清莫干山镇为例［J］．湖州职业技术学院学报，2020（1）．

［82］杨应杰．河南省发展休闲农业与乡村旅游的对策研究［J］．河北科技师范学院学报（社会科学版），2013（2）．

［83］尹梽澎，李政，何剑，杨阳．湘西地区村寨传统体育文化与乡村旅游融合发展模式研究［J］．当代体育科技，2018（6）．

［84］于光．怀化侗族体育文化与乡村旅游融合发展路径探究［J］．西部旅游，2020（7）．

［85］袁源，赵小风，赵雲泰．国土空间规划体系下村庄规划编制的分级谋划与纵向传导研究［J］．城市规划学刊，2020（6）．

［86］袁源，赵小风，赵雲泰，等．国土空间规划体系下村庄规划编制的分级谋划与纵向传导研究［J］．城市规划学刊，2020，63（6）．

［87］张秋仪，张杨，杨培峰，等．我国城乡融合发展演化过程及福州实

践［J］. 规划师，2021（5）.

［88］张少杰，吴炜杰 . 挖掘底蕴再添动力长效推进——德清县莫干山镇着力打造“精致小城镇”［J］. 浙江国土资源，2019（8）.

［89］张述林，李源，刘佳瑜 . 乡村旅游发展规划研究：理论与实践［M］. 科学出版社，2014.

［90］张天柱 . 农业嘉年华运营管理［M］. 中国轻工出版社，2020.

［91］张琰飞，鲁明勇 . 乡村旅游扶贫雪峰山模式［M］. 经济科学出版社，2018.

［92］张羽莎 . 湘西山江苗寨传统体育文化保护与乡村旅游开发融合研究［D］. 吉首大学，2019.

［93］张长伟，李广全 . 开封集市庙会旅游开发研究［J］. 合作经济与科技，2018（6）.

［94］赵鹏，张天柱，刘鲁江 . 农业嘉年华模式初探［J］. 北方园艺，2017（13）.

［95］赵腾泽 . 乡村旅游提质升级助力乡村全面振兴——党的十八大以来旅游业高质量发展系列报道之五［N］. 中国旅游报，2022-09-23（1）.

［96］赵莹莹 . 浅谈乡村旅游中的特色餐饮开发［J］. 商业故事，2016（14）.

［97］浙江省发展和改革委员会 . 浙江省旅游业发展“十四五”规划［Z］.2021.

［98］郑立文，谢新暎，吕群超 . 宁德市乡村旅游商品研究［J］. 宁德师范学院学报（哲学社会科学版），2012（4）.

［99］郑林 . 成都市城郊乡村旅游地发展的影响因素分析［D］. 西南交通大学，2008.

［100］中国旅游协会旅游城市分会 . 现代农家乐实务手册［M］. 中国旅游出版社，2011.

［101］周杰 . 乡村振兴视域下新型生态旅游村建设的现状与对策——以桂林市秀峰区“芦笛三村”为例［J］. 特区经济，2020（6）.

［102］周玲强 . 乡村旅游产业组织研究［M］. 北京：科学出版社，2013.

［103］周永振，姜海涛，王羽．包头市旅游标准化工作指南［M］．北京：中国旅游出版社，2016.

［104］周永振．内蒙古乡村旅游：现状、案例、实践［M］．北京：中国旅游出版社，2019.

［105］邹统钎．乡村旅游：理论·案例（第二版）［M］．天津：南开大学出版社，2017.

附件 1

关于促进乡村旅游可持续发展的指导意见①

乡村旅游是旅游业的重要组成部分，是实施乡村振兴战略的重要力量，在加快推进农业农村现代化、城乡融合发展、贫困地区脱贫攻坚等方面发挥着重要作用。为深入贯彻落实《中共中央　国务院关于实施乡村振兴战略的意见》（中发〔2018〕1号）和《乡村振兴战略规划（2018—2022年）》，推动乡村旅游提质增效，促进乡村旅游可持续发展，加快形成农业农村发展新动能，现提出以下意见：

一、总体要求

（一）指导思想

全面贯彻党的十九大和十九届二中、三中全会精神，以习近平新时代中国特色社会主义思想为指导，牢固树立新发展理念，落实高质量发展要求，紧紧围绕统筹推进“五位一体”总体布局和协调推进“四个全面”战略布局，按照产业兴旺、生态宜居、乡风文明、治理有效、生活富裕的总要求，从农村实际

① 为深入贯彻落实《中共中央　国务院关于实施乡村振兴战略的意见》（中发〔2018〕1号）和《乡村振兴战略规划（2018—2022年）》文件精神，实施乡村旅游精品工程，培育农村发展新动能，促进乡村旅游可持续发展，文化和旅游部等17部门共同研究制定了《关于促进乡村旅游可持续发展的指导意见》，于2018年11月公布。

和旅游市场需求出发，强化规划引领，完善乡村基础设施建设，优化乡村旅游环境，丰富乡村旅游产品，促进乡村旅游向市场化、产业化方向发展，全面提升乡村旅游的发展质量和综合效益，为实现我国乡村全面振兴作出重要贡献。

（二）基本原则

——生态优先，绿色发展。践行绿水青山就是金山银山的理念，注重开发与保护并举，统筹考虑资源环境承载能力和发展潜力，加强对乡村生态环境和乡村特色风貌的保护，强化有序开发、合理布局，避免急功近利、盲目发展。

——因地制宜，特色发展。根据区域特点和资源禀赋，以市场为导向，因地制宜，科学规划，积极开发特色化、差异化、多样化的乡村旅游产品，防止大拆大建、千村一面和城市化翻版、简单化复制，避免低水平同质化竞争。

——以农为本，多元发展。坚持以农民为受益主体，以农业农村为基本依托，尊重农民意愿，注重农民的全过程参与，调动农民积极性与创造性，加大政府的支持和引导力度，吸引更多的社会资本和经营主体投入乡村旅游的发展，释放乡村旅游发展活力。

——丰富内涵，品质发展。挖掘乡村传统文化和乡俗风情，加强乡村文物保护利用和文化遗产保护传承，吸收现代文明优秀成果，在保护传承基础上创造性转化、创新性发展，提升农村农民精神面貌，丰富乡村旅游的人文内涵，推动乡村旅游精品化、品牌化发展。

——共建共享，融合发展。整合资源，部门联动，统筹推进，加快乡村旅游与农业、教育、科技、体育、健康、养老、文化创意、文物保护等领域深度融合，培育乡村旅游新产品新业态新模式，推进农村一二三产业融合发展，实现农业增效、农民增收、农村增美。

（三）主要目标

到 2022 年，旅游基础设施和公共服务设施进一步完善，乡村旅游服务质量和水平全面提升，富农惠农作用更加凸显，基本形成布局合理、类型多样、功能完善、特色突出的乡村旅游发展格局。

二、加强规划引领，优化区域布局

（四）优化乡村旅游区域整体布局

推动旅游产品和市场相对成熟的区域、交通干线和A级景区周边的地区深化开展乡村旅游，支持具备条件的地区打造乡村旅游目的地，促进乡村旅游规模化、集群化发展。鼓励东部地区围绕服务中心城市，重点推进环都市乡村旅游度假带建设，提升乡村旅游产品品质，推动乡村旅游目的地建设；鼓励中西部地区围绕脱贫攻坚，重点推动乡村旅游与新型城镇化有机结合，合理利用古村古镇、民族村寨、文化村镇，打造“三区三州”深度贫困地区旅游大环线，培育一批乡村旅游精品线路；鼓励东北地区依托农业、林业、避暑、冰雪等优势，重点推进避暑旅游、冰雪旅游、森林旅游、康养旅游、民俗旅游等，探索开展乡村旅游边境跨境交流，打造乡村旅游新高地。（文化和旅游部、发展改革委、农业农村部、自然资源部、体育总局、林草局按职责分工负责）

（五）促进乡村旅游区域协同发展

加强东、中西部旅游协作，促进旅游者和市场要素流动，形成互为客源、互为市场、互动发展的良好局面。加强乡村旅游产品与城市居民休闲需求的对接，统筹城乡基础设施和公共服务，加大城市人才、智力资源对乡村旅游的支持，促进城乡间人员往来、信息沟通、资本流动，加快城乡一体化发展进程。注重旅游资源开发的整体性，鼓励相邻地区打破行政壁垒，统筹规划，协同发展。依托风景名胜区、历史文化名城名镇名村、特色景观旅游名镇、传统村落，探索名胜名城名镇名村“四名一体”全域旅游发展模式。（文化和旅游部、发展改革委、农业农村部、自然资源部、住房城乡建设部、人力资源社会保障部按职责分工负责）

（六）制定乡村旅游发展规划

各地区要将乡村旅游发展作为重要内容纳入经济社会发展规划、国土空间规划以及基础设施建设、生态环境保护等专项规划，在规划中充分体现乡村旅游的发展要求。支持有条件的地区组织开展乡村旅游资源普查和发展状况调查，编制乡村旅游发展规划，鼓励突破行政区域限制，跨区域整合旅游资源，制定区域性乡村旅游发展规划。乡村旅游发展规划要符合当地实际，强化乡土风情、乡居风貌和文化传承，尊重村民发展意愿，落实国土空间规划有关要求，注重规划衔接与落地实施。严格保护耕地，落实永久基本农田控制线并实行特殊保护。独立编制的乡村旅游发展规划应符合镇规划、乡规划和村庄规划的有关要求。（文化和旅游部、发展改革委、生态环境部、自然资源部、住房城乡建设部、农业农村部、文物局按职责分工负责）

三、完善基础设施，提升公共服务

（七）提升乡村旅游基础设施

结合美丽乡村建设、新型城镇化建设、移民搬迁等工作，实施乡村绿化、美化、亮化工程，提升乡村景观，改善乡村旅游环境。加快交通干道、重点旅游景区到乡村旅游地的道路交通建设，提升乡村旅游的可进入性。鼓励有条件的旅游城市与游客相对聚集乡村旅游区间开通乡村旅游公交专线、乡村旅游直通车，方便城市居民和游客到乡村旅游消费。完善农村公路网络布局，加快乡镇、建制村硬化路“畅返不畅”整治，提高农村公路等级标准，鼓励因地制宜发展旅游步道、登山步道、自行车道等慢行系统。引导自驾车房车营地、交通驿站建设向特色村镇、风景廊道等重要节点延伸布点，定期发布乡村旅游自驾游精品线路产品。加强乡村旅游供水供电、垃圾污水处理以及停车、环卫、通讯等配套设施建设，提升乡村旅游发展保障能力。（文化和旅游部、发展改革委、农业农村部、交通运输部、财政部按职责分工负责）

（八）完善乡村旅游公共服务体系

实施“厕所革命”新三年计划，引进推广厕所先进技术。结合乡村实际因地制宜进行厕所建设、改造和设计，注重与周边和整体环境布局协调，尽量体现地域文化特色，配套设施始终坚持卫生实用，反对搞形式主义、奢华浪费。积极组织开展厕所革命公益宣传活动，深入开展游客、群众文明如厕教育。推动建立乡村旅游咨询服务体系，在有条件、游客数量较大的乡村旅游区建设游客咨询服务中心，进一步完善乡村旅游标识标牌建设，强化解说、信息咨询、安全救援等服务体系建设，完善餐饮住宿、休闲娱乐、户外运动、商品购物、文化展演、民俗体验等配套服务，促进乡村旅游便利化。加快推动乡村旅游信息平台建设，完善网上预订、支付、交流等功能，推动乡村旅游智慧化。（文化和旅游部、发展改革委、农业农村部、住房城乡建设部、自然资源部、财政部、工业和信息化部、卫生健康委按职责分工负责）

四、丰富文化内涵，提升产品品质

（九）突出乡村旅游文化特色

在保护的基础上，有效利用文物古迹、传统村落、民族村寨、传统建筑、农业遗迹、灌溉工程遗产、农业文化遗产、非物质文化遗产等，融入乡村旅游产品开发。促进文物资源与乡村旅游融合发展，支持在文物保护区域因地制宜适度发展服务业和休闲农业，推介文物领域研学旅行、体验旅游、休闲旅游项目和精品旅游线路，发挥文物资源对提高国民素质和社会文明程度、推动经济社会发展的重要作用。支持农村地区地域特色文化、民族民间文化、优秀农耕文化、传统手工艺、优秀戏曲曲艺等传承发展，创新表现形式，开发一批乡村文化旅游产品。依托乡村旅游创客基地，推动传统工艺品的生产、设计等和发展乡村旅游有机结合。鼓励乡村与专业艺术院团合作，打造特色鲜明、体现地方人文的文化旅游精品。大力发展乡村特色文化产业。支持在乡村地区开展红色旅游、研学旅游。（文化和旅游部、发展改革委、住房城乡建设部、生态环境部、农业农村部、文物局按职责分工负责）

（十）丰富乡村旅游产品类型

对接旅游者观光、休闲、度假、康养、科普、文化体验等多样化需求，促进传统乡村旅游产品升级，加快开发新型乡村旅游产品。结合现代农业发展，建设一批休闲农业精品园区、农业公园、农村产业融合发展示范园、田园综合体、农业庄园，探索发展休闲农业和乡村旅游新业态。结合乡村山地资源、森林资源、水域资源、地热冰雪资源等，发展森林观光、山地度假、水域休闲、冰雪娱乐、温泉养生等旅游产品。鼓励有条件地区，推进乡村旅游和中医药相结合，开发康养旅游产品。充分利用农村土地、闲置宅基地、闲置农房等资源，开发建设乡村民宿、养老等项目。依托当地自然和文化资源禀赋发展特色民宿，在文化传承和创意设计上实现提升，完善行业标准、提高服务水平、探索精准营销，避免盲目跟风和低端复制，引进多元投资主体，促进乡村民宿多样化、个性化、专业化发展。鼓励开发具有地方特色的服饰、手工艺品、农副土特产品、旅游纪念品等旅游商品。（文化和旅游部、发展改革委、农业农村部、生态环境部、自然资源部、体育总局、林草局按职责分工负责）

（十一）提高乡村旅游服务管理水平

制定完善乡村旅游各领域、各环节服务规范和标准，加强经营者、管理者、当地居民等技能培训，提升乡村旅游服务品质。提升当地居民旅游观念和服务意识，提升文明习惯、掌握经营管理技巧。鼓励先进文化、科技手段在乡村旅游产品体验和服务、管理中的运用，增加乡村旅游发展的知识含量。大力开展专业志愿者支援乡村行动，鼓励专业人士参与乡村景观设计、乡村旅游策划等活动。探索运用连锁式、托管式、共享式、会员制、分时制、职业经理制等现代经营管理模式，提升乡村旅游的运营能力和管理水平。（文化和旅游部、农业农村部、人力资源社会保障部按职责分工负责）

五、创建旅游品牌，加大市场营销

（十二）培育构建乡村旅游品牌体系

树立乡村旅游品牌意识，提升品牌形象，增强乡村旅游品牌的影响力和竞争力。鼓励各地整合乡村旅游优质资源，推出一批特色鲜明、优势突出的乡村旅游品牌，构建全方位、多层次的乡村旅游品牌体系。建立全国乡村旅游重点村名录，开展乡村旅游精品工程，培育一批全国乡村旅游精品村、精品单位。鼓励具备条件的地区集群发展乡村旅游，积极打造有影响力的乡村旅游目的地。支持资源禀赋好、基础设施完善、公共服务体系健全的乡村旅游点申报创建 A 级景区、旅游度假区、特色小镇等品牌。（文化和旅游部、发展改革委、农业农村部、生态环境部按职责分工负责）

（十三）创新乡村旅游营销模式

发挥政府积极作用，鼓励社会力量参与乡村旅游宣传推广和中介服务，鼓励各地开展乡村旅游宣传活动，拓宽乡村旅游客源市场。依托电视、电台、报纸等传统媒体资源，利用旅游推介会、博览会、节事活动等平台，扩大乡村旅游宣传。充分利用新媒体自媒体，支持电商平台开设乡村旅游频道，开展在线宣传推广和产品销售等。（文化和旅游部、发展改革委、农业农村部按职责分工负责）

六、注重农民受益，助力脱贫攻坚

（十四）探索推广发展模式

支持旅行社利用客源优势，最大限度宣传推介旅游资源并组织游客前来旅游，并通过联合营销等方式共同开发市场的“旅行社带村”模式。积极推进景区辐射带动周边发展乡村旅游，形成乡村与景区共生共荣、共建共享的“景区带村”模式。大力支持懂经营、善管理的本地及返乡能人投资旅游，以吸纳就业、带动创业的方式带动农民增收致富的“能人带户”模式。不断壮大企业主导乡村旅游经营，吸纳当地村民参与经营或管理的“公司+农户”模式。引导规范专业化服务与规模化经营相结合的“合作社+农户”模式。鼓励各地从实际出发，积极探索推广多方参与、机制完善、互利共赢的新模式新做法，建立定性定量分析的工作台账，总结推广旅游扶贫工作。（文化和旅游部、农业农村部、国务院扶贫办按职责分工负责）

（十五）完善利益联结机制

突出重点，做好深度贫困地区旅游扶贫工作。建立健全多元的利益联结机制，让农民更好分享旅游发展红利，提高农民参与性和获得感。探索资源变资产、资金变股金、农民变股东的途径，引导村集体和村民利用资金、技术、土地、林地、房屋以及农村集体资产等入股乡村旅游合作社、旅游企业等获得收益，鼓励企业实行保底分红。支持在贫困地区实施一批以乡村民宿改造提升为重点的旅游扶贫项目，引导贫困群众对闲置农房升级改造，指导各地在明晰产权的基础上，建立有效的带贫减贫机制，增加贫困群众收益。支持当地村民和回乡人员创业，参与乡村旅游经营和服务。鼓励乡村旅游企业优先吸纳当地村民就业。（文化和旅游部、农业农村部、自然资源部、林草局、国务院扶贫办按职责分工负责）

七、整合资金资源，强化要素保障

（十六）完善财政投入机制

加大对乡村旅游项目的资金支持力度。鼓励有条件、有需求的地方统筹利用现有资金渠道，积极支持提升村容村貌，改善乡村旅游重点村道路、停车场、厕所、垃圾污水处理等基础服务设施。按规定统筹的相关涉农资金可以用于培育发展休闲农业和乡村旅游。（财政部、发展改革委、农业农村部按职责分工负责）

（十七）加强用地保障

各地应将乡村旅游项目建设用地纳入国土空间规划和年度土地利用计划统筹安排。在符合生态环境保护要求和相关规划的前提下，鼓励各地按照相关规定，盘活农村闲置建设用地资源，开展城乡建设用地增减挂钩，优化建设用地结构和布局，促进休闲农业和乡村旅游发展，提高土地节约集约利用水平。鼓励通过流转等方式取得属于文物建筑的农民房屋及宅基地使用权，统一保护开发利用。在充分保障农民宅基地用益物权的前提下，探索农村集体经济组织以出租、入股、合作等方式盘活利用闲置宅基地和农房，按照规划要求和用地标准，改造建设乡村旅游接待和活动场所。支持历史遗留工矿废弃地再利用、荒滩等未利用土地开发乡村旅游。（自然资源部、住房城乡建设部、生态环境部、农业农村部、林草局按职责分工负责）

（十八）加强金融支持

鼓励金融机构为乡村旅游发展提供信贷支持，创新金融产品，降低贷款门槛，简化贷款手续，加大信贷投放力度，扶持乡村旅游龙头企业发展。依法合规推进农村承包土地的经营权、农民住房财产权抵押贷款业务，积极推进集体林权抵押贷款、旅游门票收益权质押贷款业务，扩大乡村旅游融资规模，鼓励乡村旅游经营户通过小额贷款、保证保险实现融资。鼓励保险业向乡村旅游延伸，探索支持乡村旅游的保险产品。（财政部、自然资源部、人民银行、银保监会按职责分工负责）

（十九）加强人才队伍建设

将乡村旅游纳入各级乡村振兴干部培训计划，加强对县、乡镇党政领导发展乡村旅游的专题培训。通过专题培训、送教上门、结对帮扶等方式，开展多层次、多渠道的乡村旅游培训。各级人社、农业农村、文化和旅游、扶贫等部门要将乡村旅游人才培育纳入培训计划，加大对乡村旅游的管理人员、服务人员的技能培训，培养结构合理、素质较高的乡村旅游从业人员队伍。开展乡村旅游创客行动，组织引导大学生、文化艺术人才、专业技术人员、青年创业团队等各类“创客”投身乡村旅游发展，促进人才向乡村流动，改善乡村旅游人才结构。（文化和旅游部、人力资源社会保障部、农业农村部、国务院扶贫办按职责分工负责）

各地各部门要把乡村旅游可持续、高质量发展作为实施乡村振兴战略的重要举措，统筹乡村旅游发展工作，结合实际出台落实意见或实施方案，明确部门工作职责，建立督导机制，形成推动乡村旅游发展的强大合力，推动各项任务贯彻落实。